Muttersprache plus

Arbeitsheft 8

Erarbeitet von
Jana Dörschmann
Marion Gutzmann
Brita Kaiser-Deutrich
Iris Marko
Antje Pechau
Petra Schön

VOLK UND WISSEN

Zu diesem Arbeitsheft gibt es ein passendes Schülerbuch (ISBN 978-3-06-062988-6).

Redaktion: Birgit Patzelt, Ulrike Staffehl, Karin Unfried, Gabriella Wenzel
Bildbeschaffung: Marleen Dyett, Karin Unfried
Illustration: Friederike Ablang, Berlin: S. 3, 5, 7, 9, 21, 23, 34, 35, 37, 39, 50, 52, 56, 61, 67, 71, 74, 76, 78, 82, 84, 85
Sylvia Graupner, Annaberg-Buchholz: S. 12, 14, 40, 41, 42, 44, 45, 46, 48, 49
Umschlagillustration: Dorothee Mahnkopf, Diez a. d. Lahn
Layout und technische Umsetzung: Klein & Halm Grafikdesign, Berlin

Autorinnen und Redaktion danken Bernd Skibitzki für wertvolle Anregungen und praktische Hinweise bei der Entwicklung des Manuskripts.

Quellenangaben:
Texte: 6 Gesetz zum Schutz der arbeitenden Jugend (Jugendarbeitsschutzgesetz – JArbSchG) vom 12. April 1976 (BGBl.I S.965), das zuletzt durch Artikel 3 Absatz 2 des Gesetzes vom 31. Oktober 2008 (BGBl.I S.2149) geändert worden ist. **7** Lecher, Judith: Knigge: Respekt und Manieren als Schulfach. Aus: Die Presse, 18.02.2008. **11** Schaubilder aus: 16. Shell-Jugendstudie. Stand: 2010 (Auszug) http://www.shell.de/home/content/deu/aboutshell/our_commitment/shell_youth_study/downloads/ **12 f.** Blobel, Brigitte: Bis ins Koma. cbj in der Verlagsgruppe Random House GmbH, München 2011, S. 103–108 **15 f.** Bruder, Karin: Zusammen allein. dtv, Reihe Hanser, München 2010, S. 27–30 **17** Joseph Fouché ist ... Aus: Zweig, Stefan: Joseph Fouché: Bildnis eines politischen Menschen. Frankfurt/Main: Fischer Taschenbuch Verlag, 2005, S. 21–22. **19** Kästner, Erich: Zur Fotografie eines Konfirmanden. Aus: Doktor Erich Kästners Lyrische Hausapotheke: Ein Taschenbuch. Gedichte für den Hausbedarf der Leser. München: Deutscher Taschenbuch Verlag, 2007, S. 17. **21** Gegen zwei Uhr nachts ... Aus: Dürrenmatt, Friedrich: Der Richter und sein Henker. © 1986 Diogenes Verlag AG Zürich, S. 83–85. **27 f.** Fuchs, Cornelia: Wie satt bekommen? Aus: Yuno, 2/2011, S. 24. **31/32** *Diagramm 1:* Daten aus: www.weltbevoelkerung.de [01.11.2011]. *Diagramm 2:* Daten aus: Food and Agriculture Organization of the United Nations (Hg.): World agriculture: towards 2030/2050. Interim report. Prospects for food, nutrition, agriculture and major commodity groups. © FAO 2006, S. 25. **34 f.** Mucke, Dieter: Ein beinahe lustiges Geschichtchen. Aus: Walther, Joachim (Hg.): Vom Geschmack der Wörter: Miniaturen. Berlin: Buchverlag der Morgen, 1980, S. 103 ff. **39** Kunze, Reiner: Fünfzehn. Aus: R. Kunze: Die wunderbaren Jahre. Prosa. Frankfurt am Main: S. Fischer, 1976, S. 26 ff. **40 ff.** Schiller, Friedrich: Die Räuber (Auszug). Aus: Sämtliche Werke in zehn Bänden. Band II. Aufbau, Berlin 1981. **46** Heine, Heinrich: Ein Jüngling liebt ein Mädchen. Aus: K. Briegleb (Hg.): Heinrich Heine: Sämtliche Schriften. München: Carl Hanser, 1975, S. 90 f. Goethe, Johann Wolfgang von: Freudvoll. Aus: J. W. v. G.: Egmont. Aus: E. Trunz (Hg.): Johann Wolfgang von Goethe. Werke. Hamburger Ausgabe, dtv, München 1982, Band, IV S. 370 ff. Mai, Manfred: wenn's anfängt. Aus: M. Mai: 1000 Wünsche. Otto Maier, Ravensburg 1986, S. 5 **47** Clormann-Lietz, Nora: Was zum Kuss gehört. Aus: H.-J. Gelberg (Hg.): Oder die Entdeckung der Welt. Beltz & Gelberg, Weinheim & Basel 1997, S. 198. Manz, Hans: Störung. Aus: H.-J. Gelberg (Hg.): Großer Ozean. Beltz & Gelberg, Weinheim & Basel 2002, S. 76 Sämtliche Werke in zehn Bänden. Band II. Aufbau, Berlin 1981 **48** Goethe, Johann Wolfgang von: Hat alles seine Zeit. Aus: Concerto Dramatico. In: Goethes Werk im Kontext (Berliner Ausgabe), Aufbau, Berlin 1978, Band V, S. 148–153. Ausländer, Rose: Langeweile. Aus: R. Ausländer: Die S. Ich höre das Herz des Oleander S. Gedichte 1977–1979, © S. Fischer GmbH, Frankfurt/M. 1984. Schiller, Friedrich: Hoffnung. Aus: G. Kurscheid (Hg.): Friedrich Schiller. Gedichte. Frankfurt/Main: Deutscher Klassiker, 1992, S. 117. Fried, Erich: Angst und Zweifel. Aus: E. Fried: Anfechtungen. Gedichte. Klaus Wagenbach, Berlin 1967 **49** Rauner, Liselotte: Glücklich oder zufrieden? Aus: L. Rauner: Schleifspuren – Gedichte, Epigramme, Sonette. Asso, Oberhausen 1980. Luidl, Philipp: Mit dem drachen. Aus: P. Luidl: Weitere Gedichte. Maro, Augsburg 2001 **52** Kästner, Erich: Besagter Lenz ist da. Aus: Doktor Erich Kästners Lyrische Hausapotheke: Ein Taschenbuch. Gedichte für den Hausbedarf der Leser. München: Deutscher Taschenbuch Verlag, 2007, S. 69. **55** Krüss, James: Wenn die Möpse Schnäpse trinken. Aus: J. Krüss: Der wohltemperierte Leierkasten. 12 mal 12 Gedichte für Kinder, Erwachsene und andere Leute. München: Bertelsmann, 1989, S. 85. **57** Goethe, Johann Wolfgang von: Sollen, Wollen, Können ... Aus: Lautenbach, Ernst (Hg.): Lexikon Goethe-Zitate: Auslese für das 21. Jahrhundert. Aus Werk und Leben. München: Iudicium, 2004, S. 567. **76** Hacks, Peter: Der Herbst steht auf der Leiter. Aus: P. Hacks: Der Flohmarkt: Gedichte für Kinder. Berlin: Eulenspiegel Verlag, 2001, S. 64. **90 f.** Die Weltnaturschutz-Organisation ... Nach: Güntherroth, Horst; Reichenbach, Herman: Kampf ums Überleben. Aus: Yuno 1/2011, S. 37. **94** Der Eisbär ... Nach: http://wwf-arten.wwf.de [09. 11. 2011].

Fotos: 12 *Buchcover* Bis ins Koma (Brigitte Blobel), cbj in der Verlagsgruppe Random House GmbH, München 2011 **15** *Buchcover* Zusammen allein (Karin Bruder), dtv, Reihe Hanser, München 2010 **17** picture-alliance/akg-images, Frankfurt a. M. **19** picture-alliance/akg-images, Frankfurt a. M. **28** picture-alliance/dpa, Frankfurt a. M. **54** picture-alliance/dpa, Frankfurt a. M. **57** © DoraZett – Fotolia.com **59** picture-alliance/dpa, Frankfurt a. M. **60** © Udo Kruse – Fotolia.com **64** © Gunter Glücklich – laif **65** *Buchcover* Tote Mädchen lügen nicht (Jay Asher), cbt Verlag, München 2010 **72** © TanArt – Fotolia.com **79** © Noppasinw – Fotolia.com **89** picture-alliance/akg-images, Frankfurt a. M. **90** picture-alliance/dpa, Frankfurt a. M. **93** © bckchristine – Fotolia.com **94** Tony Campbell – Fotolia.com **95** picture-alliance/WILDLIFE, Frankfurt a. M. **96** picture-alliance/blickwinkel/I, Frankfurt a. M.

www.cornelsen.de

1. Auflage, 1. Druck 2015

Alle Drucke dieser Auflage sind inhaltlich unverändert
und können im Unterricht nebeneinander verwendet werden.

Druck: Himmer AG, Augsburg

ISBN 978-3-06-062994-7

PEFC/04-31-1549

PEFC zertifiziert
Dieses Produkt stammt aus nachhaltig bewirtschafteten Wäldern und kontrollierten Quellen.

www.pefc.de

Inhalt

Zuhören, Sprechen, Schreiben, Lesen

Meinungen austauschen – Diskutieren 4
Schriftlich erörtern 7
Lineare Erörterungen schreiben 7
Kontroverse (dialektische) Erörterungen schreiben 10
Jugendbücher lesen und verstehen 11
Sich zu einem Thema eine Meinung bilden 11
Das Thema/Die Themen eines Jugendbuches untersuchen 12
Sich über historische Sachverhalte und eine Autorin informieren 15
Beschreiben 17
Erzählen 21
Eindrücke wiedergeben – Schildern 23
Mitteilungen verfassen 25
Beschwerden schreiben 25
Sachtexte erschließen 27
Sachtexten Informationen und Meinungen entnehmen 27
Kurzgeschichten lesen und verstehen 34
Inhaltsangaben zu literarischen Texten verfassen 37
Stürmische Zeiten! Epochen der Literatur 40
Dramatische Texte lesen und verstehen 40
Gedichte aus verschiedenen Zeiten vergleichen 46
Berufswünsche und Lebensträume 48
Die Grundaussage eines Gedichts formulieren 48
Praktikumsberichte schreiben 50

Schritt für Schritt: Wort – Satz – Text

Wortarten und Wortformen 52
Die Wortarten im Überblick 52
Verben 53
Adverbien 58
Satzbau und Zeichensetzung 59
Der einfache Satz 59
Der zusammengesetzte Satz 64
Mehrfach zusammengesetzte Sätze 66
Wortbildung 68
Wortbedeutung 71
Synonyme 71
Antonyme 73
Homonyme 74
Metaphern und Personifizierungen 75

Groß- und Kleinschreibung 77
Nominalisierungen/Substantivierungen 77
Die Schreibung von Eigennamen 79
Getrennt- und Zusammenschreibung 80
Regeln der Getrennt- und Zusammenschreibung bei Verben 80
Die Schreibung von Straßennamen 82
Wörter mit Bindestrich 83
Fremdwörter 84
Abkürzungen und Kurzwörter 85
Gewusst wie: Im Wörterbuch nachschlagen 87

Teste dich selbst! 90

Meinungen austauschen – Diskutieren

!

Die **Diskussion** ist eine Gesprächsform, in der man gemeinsam um die Lösung eines Problems ringt. Die Diskussionsteilnehmer tauschen ihre Standpunkte und Argumente aus. **Standpunkte** geben die persönlichen Meinungen zum Problem in Form von Behauptungen (Thesen) wieder. Man überzeugt nur dann, wenn man diese beweisen kann. Dazu führt man **Argumente (Begründungen + Beispiele)** an.
Ein **Diskussionsbeitrag** besteht aus folgenden Teilen:

- Standpunkt (Behauptung, These): *Ferienarbeit ist sinnvoll,*
- Begründung: *weil sie das Selbstbewusstsein stärkt.*
- Beispiel: *Man traut uns das selbstständige Erfüllen neuer Aufgaben zu.*
- Schlussfolgerung: *Deshalb bereitet sie gut auf die Ausbildung vor.*

1 Nele erzählt in der Pause von ihren Ferien auf dem Bauernhof.

a Lies das Gespräch.

Nele	Ferienarbeit macht Spaß! Bevor ich was mit meiner Familie unternommen habe, half ich dem Bauern morgens drei Stunden beim Versorgen der Tiere. Dabei habe ich mir eigenes Geld für neue Klamotten verdient.
Max	Hm, hättest du mal lieber Parfum gekauft, hier liegt ein sehr ländlicher Duft in der Luft.
Susan	Ich habe auch schon mal in der Eisdiele an der Ecke ausgeholfen. Allerdings musste ich dort oft länger machen und auch Arbeiten verrichten, die keiner machen wollte. Deswegen verzichte ich auf Ferienarbeit.
Luise	Das kenne ich! Ich habe mal beim Supermarkt gejobbt und musste immer die Pappen von den Kartons zusammenlegen. Bis ich die Nase voll hatte und mich beschwert habe. Das hat geholfen.
Tilman	Was, in den Ferien arbeiten? Das ist doch keine Erholung!
Lukas	Mich grüßen heute noch die Lehrlinge aus der Autowerkstatt meines Onkels. Dort habe ich eine Menge über den Beruf und den Alltag eines Autoschlossers gelernt.
Ole	Wenn ich Geld brauche, muss ich nur meine Mutter fragen.
Florian	Nach einer Ferienarbeit beim Bäcker habe ich jetzt große Lust, das Handwerk zu erlernen. Ich musste zwar ganz schön zupacken und sah immer aus wie gepudert, aber der Duft von Frischgebackenem ist umwerfend.
Nele	Wann musstest du denn anfangen? Ich habe gelesen, dass man in unserem Alter nicht vor 8 Uhr anfangen darf zu arbeiten!?
Martin	Das stimmt. Mit 14 Jahren darfst du nur in der Zeit zwischen 8 Uhr und 18 Uhr arbeiten und nicht länger als zwei Stunden täglich. Man braucht für die Ferienarbeit übrigens die Erlaubnis der Erziehungsberechtigten.

Das Problem erkennen

b Formuliere das Problem, über das sich die Jugendlichen austauschen, als Frage.

____

____

Standpunkte und Meinungsäußerungen untersuchen

c Unterstreiche die Namen derjenigen Schülerinnen und Schüler, die ihren Standpunkt eindeutig als These (Behauptung) formuliert haben.

d Formuliere die Meinungsäußerungen derjenigen Schülerinnen und Schüler, die ihren Standpunkt nicht eindeutig ausgedrückt haben, als These (Behauptung).

e Markiere im Text der Aufgabe a (S. 4) die so genannten »Killerphrasen«.

2

a Wähle eine Meinungsäußerung aus dem Text in Aufgabe 1 a (S. 4) aus, die Standpunkt und Argument (Begründung + Beispiel) enthält. Ordne die Aussagen den Bestandteilen zu.

Standpunkt:

Begründung:

Beispiel:

b Wähle eine Meinungsäußerung aus dem Text in Aufgabe 1 a (S. 4) aus, die entweder nur den Standpunkt oder nur das Argument (Begründung + Beispiel) enthält. Suche die vorhandenen Aussagen heraus und ordne sie den Bestandteilen zu.

Standpunkt:

Begründung:

Beispiel:

c Vervollständige die unvollständige Argumentation aus Aufgabe b.

Einen Diskussionsbeitrag vorbereiten

3 Die Klasse führt eine Diskussion zur Frage »Sollte eine Schülerin / ein Schüler eine Ferienarbeit annehmen?« durch. Bereite dafür einen Diskussionsbeitrag vor.

a Ordne die Argumente (Begründungen + Beispiele) aus dem Text in Aufgabe 1 a (S. 4) richtig ein.

pro (für) Ferienarbeit		kontra (gegen) Ferienarbeit	
Begründung	**Beispiel**	**Begründung**	**Beispiel**

b Suche weitere Argumente (Begründungen + Beispiele) aus deinem Erfahrungsbereich und ergänze die Tabelle.

c Lies die Auszüge aus dem Jugendarbeitsschutzgesetz. Überlege, welche der Informationen du für die Argumentation (Pro und Kontra) nutzen kannst.

§ 2 Kind, Jugendlicher

(1) Kind im Sinne dieses Gesetzes ist, wer noch nicht 15 Jahre alt ist.

(2) Jugendlicher im Sinne dieses Gesetzes ist, wer 15, aber noch nicht 18 Jahre alt ist.

§ 5 Verbot der Beschäftigung von Kindern

(1) Die Beschäftigung von Kindern (§ 2 Abs. 1) ist verboten. [...]

(3) Das Verbot des Absatzes 1 gilt [...] nicht für die Beschäftigung von Kindern über 13 Jahre mit Einwilligung des Personensorgeberechtigten, soweit die Beschäftigung leicht und für Kinder geeignet ist. Die Beschäftigung ist leicht, wenn sie aufgrund ihrer Beschaffenheit und der besonderen Bedingungen, unter denen sie ausgeführt wird,

1. die Sicherheit, Gesundheit und Entwicklung der Kinder,
2. ihren Schulbesuch, ihre Beteiligung an Maßnahmen zur Berufswahlvorbereitung oder Berufsausbildung, die von der zuständigen Stelle anerkannt sind, und
3. ihre Fähigkeit, dem Unterricht mit Nutzen zu folgen,

nicht nachteilig beeinflusst. Die Kinder dürfen nicht mehr als zwei Stunden täglich, in landwirtschaftlichen Familienbetrieben nicht mehr als drei Stunden täglich, nicht zwischen 18 und 8 Uhr, nicht vor dem Schulunterricht und nicht während des Schulunterrichts beschäftigt werden. [...]

d Formuliere deinen Standpunkt und notiere deine Argumente sinnvoll geordnet. Schreibe in dein Heft.

Einen Diskussionsbeitrag halten

e Übe deinen Diskussionsbeitrag mithilfe der Notizen. Achte auf freundliches und überzeugendes Sprechen.

Schriftlich erörtern

Lineare Erörterungen schreiben

!

Das Ziel einer **schriftlichen Erörterung** ist es, Problemlösungen zu finden. Dazu verschafft man sich einen Überblick über das Problem, bildet sich einen **Standpunkt** dazu und sucht nach Problemlösungsmöglichkeiten. Mit **Argumenten (Begründungen + Beispielen)** überzeugt man die Leserinnen/Leser von deren Richtigkeit.
Eine **lineare (steigernde) Erörterung** ist folgendermaßen aufgebaut:

- Einleitung: Nennen des Themas, Beschreiben des Problems, Wecken des Interesses,
- Hauptteil: – Formulieren des eigenen Standpunkts als These (Behauptung),
  – Begründen des Standpunkts durch einzelne Argumente (Begründungen + Beispiele), wobei das Wichtigste in der Regel am Schluss steht,
- Schluss: – Zusammenfassung mit Bezug auf die These und
  – Schlussfolgerungen für das weitere Handeln.

1

a Lies die Auszüge aus dem folgenden Artikel und nenne das Thema.

Knigge: Respekt und Manieren als Schulfach

Wien. Am Brighton College in Südengland wird es künftig ein neues Pflichtfach geben: gutes Benehmen. Schülern ab 13 Jahren wird dann einmal pro Woche beigebracht, wie man sich bei Tisch zu verhalten hat, Hemden bügelt oder ein Ei kocht. Kurz, sie sollen »für das gesellschaftliche Leben fit gemacht werden«, so Direktor Richard Cairns.

Hintergrund der Einführung von Knigge-Stunden ist eine im Dezember 2007 veröffentlichte Umfrage unter Führungskräften. Der Tenor: Junge Schulabgänger seien unhöflich und wüssten nicht, wie sie sich in der Gesellschaft richtig zu benehmen hätten. [...]

Benimm ist auch an Österreichs Schulen Thema, etwa im Rahmen der Initiative »Faire Schule« des Bildungsministeriums. An der Volksschule Wängle (Tirol) lernen Kinder richtiges Grüßen, gutes Benehmen bei Tisch, situationsgerechte Kommunikation. Ziel ist, wie bei einem ähnlichen Projekt an der Volksschule Hollersbach (Salzburg), eine »Atmosphäre gegenseitiger Achtung und Wertschätzung«. [...]

Auch Tanzschulenleiter und Benimmexperte Thomas Schäfer-Elmayer gibt stundenweise Etikette-Unterricht an Schulen, hauptsächlich für 14- bis 17-Jährige. Und, ist das Benehmen der Schüler tatsächlich schlechter geworden? »Das ist je nach Schule sehr unterschiedlich. Sicher ist, dass die Schüler wesentlich weniger von den Eltern mitbekommen. Auf der anderen Seite stehen sie der Sache viel aufgeschlossener gegenüber.«

Aber kann es Aufgabe der Schule sein, Manieren zu lehren? »Die Schule wird das immer stärker übernehmen müssen«, glaubt Schäfer-Elmayer. Denn innerhalb jugendlicher Peergroups (Gruppen Gleichaltriger) würden heute andere Benimmregeln gelten; da brauche es oft kein »Bitte«, »Danke«. Sich gut benehmen können müssten Jugendliche dennoch, privat wie beruflich. »Das ist Teil des Allgemeinwissens.« Und das lernt man eben in der Schule. *Judith Lecher*

Eine Erörterung untersuchen

b Markiere am Rand des Textes Einleitung, Hauptteil und Schluss.

c Formuliere das Problem, das in dem Text genannt wird, als Frage.

____

____

d Notiere den Standpunkt der Autorin als These (Behauptung).

Judith Lecher meint, ______________________________

____

____

e Suche die Argumente (Begründungen + Beispiele) der Autorin zu der von dir in Aufgabe c formulierten Frage aus dem Text heraus.

Begründungen	Beispiele

f Formuliere die Schlussfolgerung der Autorin.

Judith Lecher schlussfolgert daraus, dass ______________________________

____

____

____

Eine Erörterung planen

2 Verfasse eine eigene lineare Erörterung zur Frage aus Aufgabe 1 c.

a Entwirf die Einleitung und beschreibe das Problem in ein bis zwei Sätzen.

1 Einleitung: ______________________________

____

____

____

b Formuliere deinen Standpunkt als These (Behauptung).

2 Hauptteil: ______________________________

____

____

c Suche Argumente (Begründungen + Beispiele), die deinen Standpunkt begründen. Nutze dazu die Tabelle aus Aufgabe 1 e und ergänze weitere Argumente. Ordne sie, achte dabei auf eine Steigerung der Überzeugungskraft.

Argument 1: ______________________________

____

____

____

____

____

____

____

d Formuliere deinen Schluss in ein bis zwei Sätzen. Nutze die Wendungen aus der Wortliste.

WORTLISTE
Zusammengefasst ergibt sich, ...
Deshalb meine ich, ...
Meine Schlussfolgerung lautet: ...
Daraus kann man ableiten, ...

3 Schluss: ______________________________

Zusammenfassung: ______________________________

____

Schlussfolgerung: ______________________________

____

____

Einen Entwurf schreiben und überarbeiten

e Formuliere einen Entwurf deiner linearen Erörterung und schreibe ihn in dein Heft. Lass einen breiten Rand für Korrekturen.

f Überarbeite deinen Entwurf und schreibe die Endfassung.

Eine Erörterung verfassen

3 Schreibe eine lineare Erörterung zur Frage »Lesen Schüler heute weniger als früher?«. Gehe dazu vor wie in Aufgabe 2. Schreibe in dein Heft.

Kontroverse (dialektische) Erörterungen schreiben

!

Eine **kontroverse (dialektische) Erörterung** ist die zweite Hauptform des schriftlichen Erörterns. Dabei wägt man im Hauptteil verschiedene Argumente für (pro) und gegen (kontra) einen Standpunkt zum Problem ab. Folgende Gliederungen des Hauptteils sind möglich:

- **Gegenüberstellung der Argumente im Block**: Man führt zuerst alle Kontra-Argumente und danach alle Pro-Argumente an oder umgekehrt. Die Argumente für die eigene Position stellt man an das Ende, weil sie so besser im Gedächtnis bleiben.
- **Gegenüberstellung der Argumente im Wechsel**: Man verbindet die Kontra-Argumente sofort mit den Pro-Argumenten.

Eine Erörterung planen

1 Jugendweihe, Konfirmation, Weihnachten – statt Socken gibt es Geld. Sollten das die Eltern verwalten oder sollte man mit 14 ein eigenes Konto führen dürfen?

a Formuliere zwei verschiedene Standpunkte zur Frage.

Standpunkt 1: Ja, ______

Standpunkt 2: Nein, ______

b Sammle Argumente für und gegen ein eigenes Konto. Ergänze die Tabelle.

pro (für) ein eigenes Konto	kontra (gegen) ein eigenes Konto
______	______
______	______
______	______
______	______
______	______

c Wäge die Argumente ab und entscheide dich für einen Standpunkt.

______

Einen Entwurf schreiben und überarbeiten

TIPP
Nutze dazu deine Vorarbeiten aus Aufgabe 1.

2 Schreibe einen vollständigen Entwurf deiner kontroversen Erörterung in dein Heft.

a Entwirf eine Einleitung und beschreibe das Problem in ein bis zwei Sätzen.

b Erprobe im Hauptteil die Anordnung der Argumente im Block oder im Wechsel.

c Formuliere den Schluss deiner Erörterung.

d Überarbeite deinen Entwurf und schreibe die Endfassung.

Jugendbücher lesen und verstehen

Sich zu einem Thema eine Meinung bilden

TIPP
Erschließung von Diagrammen
1. Orientiere dich an den Überschriften und Legenden. Worüber informiert das Diagramm?
2. Betrachte das Diagramm genau. Welche Angaben kannst du ablesen?
3. Vergleiche die Angaben im Diagramm. Welches ist der höchste, welches der niedrigste Wert, welche Werte sind ähnlich? Welche Angaben findest du erstaunlich?

1 Betrachte die beiden Diagramme.

Was Jugendliche tun, wenn sie Schwierigkeiten oder große Probleme haben
Jugendliche im Alter von 12 bis 25 Jahren (Angaben in %)

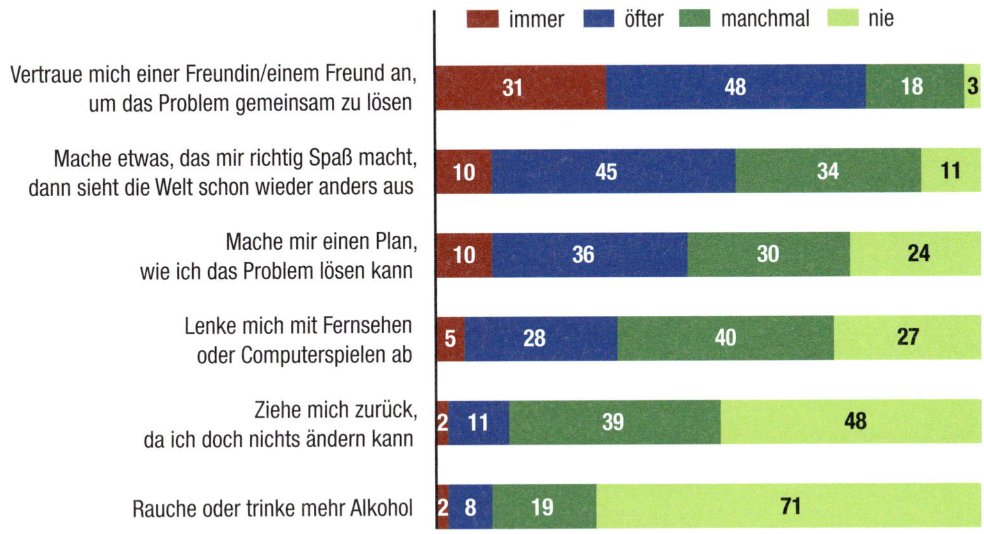

Wertorientierungen: Pragmatisch, aber nicht angepasst
Jugendliche im Alter von 12 bis 25 Jahren (Angaben in %)

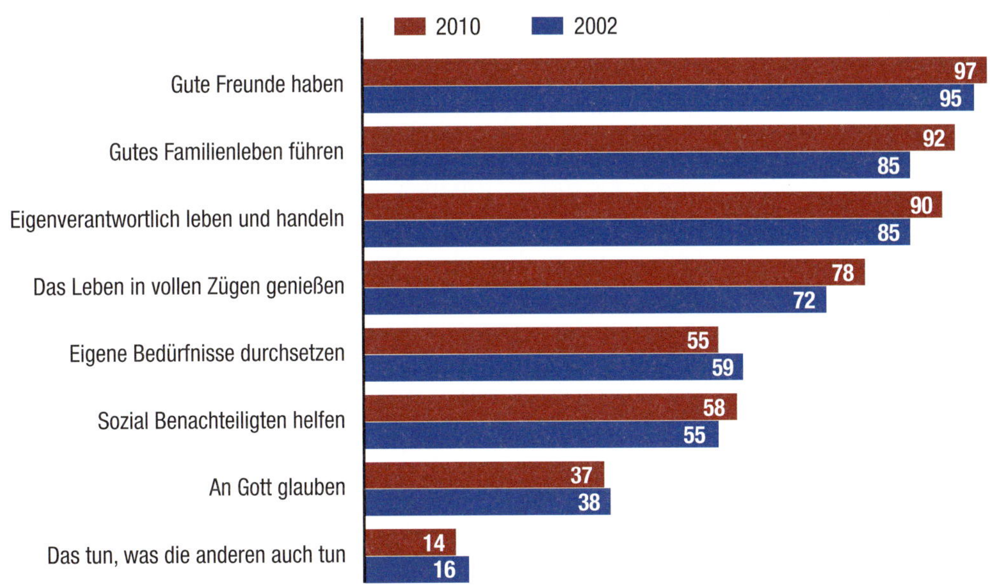

2 Wähle ein Diagramm aus. Notiere in deinem Heft fünf Informationen, die dir wichtig sind.

3 Setze die ausgewählten Informationen zum Thema »Erwachsenwerden« in Beziehung. Schreibe deine Meinung dazu auf.

Das Thema / Die Themen eines Jugendbuches untersuchen

1 Lies den Text.

Brigitte Blobel
Bis ins Koma

Marvin, auch Marvel genannt, ein vielversprechender Youngstar einer Daily Soap, trinkt. Wenn er betrunken ist, fühlt er sich cool, stark und selbstbewusst. Dann sind auch der Dauerstreit seiner geschiedenen Eltern, der Stress in der Schule und seine Minderwertigkeitskomplexe gegenüber Mädchen verschwunden. Bis er in einer Nacht eine Flasche Wodka zu viel trinkt ...

Es ist zehn Uhr oder vielleicht elf und stockdunkel. Von seinem Platz unter der Brücke kann er eine Häuserzeile sehen, da ist noch fast jedes Fenster erleuchtet. Was die Leute alle so machen, abends um elf, in ihren Zimmern?

Er schraubt die Flasche wieder auf und setzt sie an die Lippen. Das war die einzige Bewegung in der letzten Stunde: Flasche aufschrauben, Flasche an den Mund setzen, trinken, Flasche wieder zuschrauben. Es ist langweilig. Es ist so still. Er trinkt lieber in Gesellschaft, mit lustigen Leuten wie Mauki und so, die immer mehr in Fahrt kommen, je mehr Alkohol sie intus haben. Und die echt geile Sprüche draufhaben, sodass man was zu lachen hat. Lachen befreit. Lachen tut gut, das lockert die Gesichtsmuskeln. Kein Mensch kann immer nur cool sein. Aber wenn die Typen ihn alle im Stich lassen ... [...]

Er trinkt, schwenkt dann die Flasche wie einen Preis, wie einen Fernsehpreis. »Danke! Ich danke euch allen! Und ganz besonders dir, Mom!« Bei dieser Vorstellung rollen Marvel Tränen über das Gesicht. Diese Leute im Studio, denkt er, waren gut. Dieser Hotte war gut, die Regisseurin war gut, der Kameramann. Was hat der noch gesagt über seine Bildschirmpräsenz? Niemand hat ja wirklich gewusst, wer er eigentlich ist und was aus einem wie mir werden kann, wenn man ihm eine faire Chance gibt. Ha! Wenn sein Vater das wüsste, dass er mit Leuten wie Horst Burckhardt über so etwas wie einen richtig seriösen Vertrag diskutiert hat! Wenn sein Vater wüsste, wie sie ihm da draußen im Studio den roten Teppich ausgerollt haben. Mann, die haben ihm die ganze Produktionsstätte gezeigt. Hätten sie nicht machen müssen. [...]

Ja, Papa, wenn du dich nicht aus dem Staub gemacht hättest, wenn du deine Familie nicht zum Teufel gejagt hättest, um irgend so einer neuen Tussi, wie heißt sie noch ... Karin? Carmen? Karen? – ach, egal, ein Kind zu machen, dann hättest du jetzt was, auf das du richtig stolz sein könntest! Dein Sohn Marvin! Auf den du scheißt. Dein fünfzehnjähriger Sohn hat ein Casting gewonnen! Gegen dreißig, was sag ich, gegen vierzig gute Leute, die alle diesen Job wollten, die alle diese Rolle haben wollten, aber *ich hab sie gekriegt!* Und eins schwör ich dir, Papa: Ich werde gut sein. Ich werde so gut sein,

dass dir die Augen tränen, wenn du mich im Fernsehen siehst. Und wenn deine blöde neue Tussi mit dem Baby auf dem Arm plötzlich im Wohnzimmer steht und du wie gebannt auf den Bildschirm starrst und sie fragt: Wer ist denn dieser außergewöhnliche Junge? Ja, Papa. Und was sagst du dann? Das ist mein Sohn, den ich nicht mehr kenne und mit dem ich leider keinen Kontakt mehr habe? Mein Sohn, den ich verlassen habe? Den ich aus dem Haus gejagt habe, zusammen mit seiner Mutter, die mich nicht mehr interessiert hat? Und die jetzt einen Scheißjob im Krankenhaus durchziehen muss, weil ich nicht genug Geld an meine alte Familie überweise? Sagst du ihr das? Ja? Kriegst du das hin? Oder bist du auch dazu zu feige, wie du zu feige warst, mir zu sagen, worum es eigentlich ging. Was eigentlich los war mit dir und Mama – und mit mir. Was dir an mir nicht gepasst hat, was du so scheiße fandest, dass du meintest, mich genauso entsorgen zu müssen, wie du Mama entsorgt hast? Ja? [...]

Und die Wodkaflasche hier, die hab ich selbst bezahlt. Verstehst du? Dieses Zeug hab ich von meinem Geld gekauft. Ich leg Mama nicht rein, so wie du sie reingelegt hast. Was bist du für ein Versager! Was bist du für eine Null! Dein Sohn ist neben dir aufgewachsen und du hast das gar nicht bemerkt, was? Wo hast du eigentlich hingeguckt, wenn du mir abends Gute Nacht gesagt hast? Hast du mich je etwas gefragt? Hat dich je irgendetwas aus meinem Leben interessiert? Ich kann mich verdammt noch mal an keine Frage erinnern. Ich kann mich verdammt noch mal nicht erinnern, dass du mir je gesagt hast, dass du mich liebst und dass du tagsüber, als du unterwegs warst, Sehnsucht nach mir hattest. Du bist so ein Scheißvater gewesen. Hörst du? Ich kann noch lauter. Ein Scheißvater! Ha. Ja. Das tut gut. Das wollte ich dir immer schon mal sagen. Schade, dass diese Flasche schon halb leer ist. Und schade, dass du nicht da bist. Nicht hier bei mir, unter der Brücke, wo ich sitze. [...]

Ich hab heute einen Vertrag unterschrieben. Und ich sage dir eins, Papa, irgendwann scheiß ich auf dein Geld. Irgendwann ist es mir so was von gottverdammt egal, ob du am Monatsanfang pünktlich den Unterhalt für Mama und mich überweist oder nicht. Denn dann verdiene ich die Kohle! Ich kauf Mama Klamotten, ich kauf ihr Schmuck. Ein neues Auto. [...]

Mama hat Nachtdienst. Weißt du eigentlich, du Scheißehemann, wie deine Exfrau sich abrackert, um unser Leben zu finanzieren? Weißt du das? Und kannst du mir mal sagen, wieso Oma und Opa bis zum Tod zusammen waren und du es nicht mal vierzehn Jahre mit Mama ausgehalten hast? Egal. Spielt keine Rolle, echt. Geht mir am Arsch vorbei. Mach, was du willst. Ab jetzt wird alles anders. Alles. Papa. Hörst du?

Alles wird anders!

Verdammt, warum kannst du nicht einmal sagen, dass du mir zuhörst? Wieso hast du mir nie zugehört? Wieso hat dich nie interessiert, was ich mal machen will, was ich mal werden will, was für Träume ich habe, was für Pläne? Du scheißt auf mich. Okay. Verstanden. Danke.

Ich muss hier weg. Ich muss nach Hause. Wo ist mein Bett? Ich muss schlafen. Ich bin fertig. Alle. Kaputt. O Scheiße, ist mir schlecht. Kann mir mal einer hochhelfen? Das ist so glitschig hier. [...]

O Scheiße, jetzt ist die Flasche ins Wasser gerollt.

Hey, wo seid ihr denn? Habt ihr noch was zu trinken für mich ...

2 Welche Themen werden in diesem Textausschnitt angesprochen? Kreuze an.

☐ Konflikte	☐ Liebe	☐ Trennung	☐ Sucht
☐ Einsamkeit	☐ Außenseiter	☐ Umwelt	☐ Sport

3 Wähle ein Thema aus und setze es zu den Aussagen der Diagramme von S. 11 in Beziehung. Schreibe deine Meinung dazu auf.

____

____

____

4 Was erfährst du über Marvin? Markiere im Text auf den Seiten 12 und 13 mit verschiedenen Farben, was du über Marvin, über seine Familie und über seine Freunde erfährst.

5 Ordne die Informationen in das Schaubild ein.

Familie

Freunde

Marvin

Spitzname: ____________

Alter: ____________

besondere Fähigkeiten, Vorlieben, Stärken

Ängste und Schwächen

6 Wie hätte sich Marvin seine Kindheit gewünscht? Schreibe einen kurzen Text in dein Heft.

7 Stell dir vor, Marvin spricht mit einem Freund/einer Freundin über seinen Kummer. Wähle eine der beiden Aufgaben aus.

- ● Überlege, wie du Marvin trösten bzw. aufmuntern würdest. Notiere deine Gedanken bzw. entwirf einen Gutschein. Arbeite im Heft.
- ●●● Schreibe eine kleine Szene über dieses Gespräch in dein Heft.

Sich über historische Sachverhalte und eine Autorin informieren

1 Lies den Text.

Karin Bruder
Zusammen allein

Rumänien 1987: Die Bevölkerung leidet immer mehr unter dem sinkenden Lebensstandard und der Securitate. Als ihre Eltern, Rumäniendeutsche, in die BRD flüchten, steht Agnes plötzlich allein da. Notdürftig kommt sie zunächst bei einer Tante unter. Hier fühlt sich Agnes aber nicht wohl. Sie macht sich auf den Weg zur Großmutter, mit der bisher niemand in der Familie etwas zu tun haben wollte.

»Was hast du getan?«, fragte Gicuonkel drei Wochen später. Ich dachte an die leeren Gläser, ich dachte an die verbrannten Zeitschriften. Wenigstens den Katalog hätte ich leben lassen sollen. »Du blöde Kuh hast in der Schule herumerzählt, dass du bei uns wohnst, der Hausmeister hat es mir erzählt.« Erstaunt schaute ich vom Abendessen auf. Selbst der halbseitig gelähmte Großvater vergaß seinen Getreidebrei zu löffeln. »Joi, sowieso wissen sie es. Wieso dieser Wind?«, bremste ihn meine Tante. »Oder glaubst du, dass irgendetwas in diesem Land passiert, von dem sie nichts wissen? In jeder Kakerlake steckt eine Wanze.« Doch ihr Mann, dem ich beleidigt den Titel: »Mein ehemaliger Onkel« verliehen hatte, war nicht zu bremsen. Wie ein Auto mit gelöster Handbremse rollte er den Berg hinunter, direkt auf mich zu. »Die können es von mir aus wissen, doch die ganze Stadt muss es nicht erfahren. Ich bin Briefbote gewesen, man kennt mich, man wird mich schräg anschauen, wenn ich eine Saboteurin beherberge.«
»Was redest du, du Depp? Ihre Eltern haben nur das Land verlassen, wie du das am liebsten auch machen würdest.« »So, würde ich das, woher willst du das wissen? Und red noch lauter, damit es auch die Nachbarn hören. Damit ich meine Stelle wieder wechseln muss. Ihr Sachsen seid unser Untergang. Aber jetzt sind wir die Herren, klar?« Sein Blick traf mich wie ein Messer. »Klar?«, wiederholte er lautstark. Alle Nachbarn konnten es hören. Die Zwillinge bissen sich auf die Lippen, sie grinsten ein bisschen, sie fürchteten sich ein bisschen. Die Hand ihres Vaters war schnell, und man wusste nie, wo sie landen würde. [...]
Ich war aufgesprungen, was ein Fehler war. Meine Beine zitterten. »Keinen Ärger. Die Gäste, die man nicht bemerkt, sind mir die liebsten«, plusterte er sich auf. Nun reichte es auch meiner Tante. Auch sie erhob sich, versuchte zu beschwichtigen, versuchte einzulenken. Nichts sei geschehen, absolut nichts, betonte sie, und ihre Stimme nahm jene Festigkeit an, die zu ihrer Körpermasse passte. Doch dann holte mein ehemaliger Onkel zu einem neuen Schlag aus und beendete jede mögliche Versöhnung. »Aber sie frisst für zwei, dabei bekommen wir nur für eine bezahlt und das auch noch sehr knapp. Hast du gehört, knapp. Ihre Eltern sind Geizhälse. Sie sitzen wie die Maden im Speck, und uns haben sie vergessen.« Mit einem Ruck wandte er sich wieder mir zu. [...]
»Hast du schon ein Paket bekommen, hast du? Ich jedenfalls hab keins gesehen.« »Mamusch ist erst seit ein paar Wochen weg. Sie wird Pakete schicken, sie wird Geld schicken.« »Hoffentlich bald, sonst ...« »Was sonst?« »Sonst kannst du zu deiner Großmutter, der Hure, ziehen, kapiert. Die weiß sowieso nicht, wohin mit ihrem Zaster.«

Es war heraus, das lang gehütete Familiengeheimnis. Ein Zischen machte die Runde am Tisch. [...]

So erfuhr ich bei einem verpatzten Abendessen, drei Wochen nachdem ich zu fast hundert Prozent Vollwaise geworden war, dass eine meiner Großmütter, die den Beinamen »die Hure« trug, noch lebte, dass sie in Kronstadt lebte und dass sie reich war.

Noch am selben Abend, als sich die Ränder der Altstadt unter der Hohen Zinne duckten, stand ich mit meinem hässlichen Koffer vor ihrer Tür. [...]

Ich würde morgens zu Fuß in die Schule gehen können.

2 Informiere dich im Glossar über den historischen Sachverhalt des Romans. Welche Bezeichnungen findest du auch im Textauszug? Kreuze an und ergänze die Zeile.

x	Bezeichnung	Erklärung	Zeile
☐	Kronstadt	deutsche Bezeichnung einer Stadt im Südosten Siebenbürgens in den rumänischen Karpaten	
☐	Rumänien-deutsche	Sammelbezeichnung für die deutschsprachigen Minderheiten in Rumänien	
☐	Rumänische Revolution	Kette von Demonstrationen und blutigen Kämpfen, die im Dezember 1989 zum Sturz und zur Hinrichtung des rumänischen Diktators Ceaușescu und zum Ende des sozialistischen Systems in Rumänien führte	
☐	Securitate	rumänischer Geheimdienst, der mit großer Brutalität vorging	
☐	Siebenbürger Sachsen	siedelten seit dem 12. Jahrhundert in der Region Siebenbürgen und bildeten bis ins 19. Jahrhundert hinein die Mehrheit der Stadtbevölkerung von Kronstadt	
☐	Wanze	elektronische Sender, welche in Räumen oder Telefonen installiert werden, um verdeckt Gespräche abhören zu können	

3 Die Autorin Karin Bruder wurde in Kronstadt geboren. Ihre Muttersprache ist Siebenbürgener Dialekt. Als sie zehn Jahre alt war, verließen ihre Eltern Rumänien und gingen in den Westen. Markiere im Romanauszug, welche persönlichen Erfahrungen in die Erzählung eingeflossen sein könnten.

4 Wähle eine der beiden Aufgaben aus.

- ● Recherchiere zum Leben und zu den Werken der Autorin Karin Bruder. Notiere die Informationen in deinem Heft.
- ●●● Gestalte einen Vortrag über Leben und Werk der Autorin. Stelle dabei Bezüge der Biografie zum Roman »Zusammen allein« her.

Beschreiben

!

> Personen oder literarische Figuren werden beschrieben, damit andere sich eine Vorstellung von ihnen machen können.
> Um das Aussehen einer Person oder Figur zu beschreiben, benennt man ihre **äußeren Merkmale** (Gesamterscheinung, Einzelheiten, Besonderheiten) möglichst genau und anschaulich.
> Um eine **Person oder Figur** zu **charakterisieren**, stellt man deren Lebensumstände, Gedanken, Gefühle, Verhaltensweisen, ihr Verhältnis zu anderen u. Ä. dar. Solche **inneren Merkmale** machen den Charakter der Person oder Figur deutlich.

Eine literarische Figur charakterisieren

1

a Betrachte das Bild von Joseph Fouché und notiere äußere Merkmale des Polizeiministers von Napoleon.

b Lies den Auszug aus dem biografischen Roman »Joseph Fouché« von Stefan Zweig und vergleiche seine Aussagen mit deinen. Kennzeichne in deinen Stichpunkten Gemeinsamkeiten und Unterschiede verschiedenfarbig.

[...] Joseph Fouché ist zur Zeit seiner Wahl zweiunddreißig Jahre alt. Kein schöner Mann, durchaus nicht. Hagerer, fast gespenstig dürrer Leib, ein schmalknochiges Gesicht mit eckigen Linien, hässlich und unangenehm. Scharf die Nase, scharf und eng auch der immer verschlossene Mund, fischkalt die Augen unter schweren, fast schläfrigen Lidern, die Pupillen katzengrau wie kugeliges Glas. [...] Kein Glanz in den Augen, keine Sinnlichkeit in den Bewegungen, kein Stahl in der Stimme. Dünn und strähnig das Haar, rötlich und kaum sichtbar die Augenbrauen, graufahl die Wangen. Es ist, als wäre nicht genug Farbstoff da, dieses Gesicht ins Gesunde zu tönen: [...]
Und in der Tat: Auch seelisch gehört er zur Rasse der Kaltblüter. Er kennt keine groben, mitreißenden Leidenschaften, ist nicht zu Frauen getrieben und nicht zum Spiel, er trinkt keinen Wein, er freut sich nicht an der Verschwendung, er lässt seine Muskeln nicht spielen, er lebt nur in Zimmern zwischen Akten und Papieren. Nie gerät er in sichtbaren Zorn, nie bebt ein Nerv in seinem Gesicht.

c Vervollständige die Tabelle. Nutze dazu Textstellen sowie eigene Wörter und Wendungen, die deine Vorstellung von Joseph Fouché genau bezeichnen.

äußere Merkmale	innere Merkmale
hager, fast gespenstisch dürr	

Eine Figurencharakterisierung planen

2 Verfasse eine eigene Charakterisierung von Joseph Fouché.

a Ordne zuerst die äußeren und inneren Merkmale aus Aufgabe 1 c und nummeriere sie. Überlege, wie du die Charakterisierung gliedern möchtest.

Den Entwurf schreiben

b Schreibe einen Entwurf deiner Charakterisierung in dein Heft. Nutze dabei Textstellen. Lass einen breiten Rand für Korrekturen.

Joseph Fouché heißt die Hauptfigur in Stefan Zweigs gleichnamigem Roman. ...

Den Entwurf überarbeiten

c Überarbeite den Entwurf deiner Charakterisierung. Achte besonders auf anschauliche Bezeichnungen.

d Schreibe die Endfassung in dein Heft.

Eine literarische Figur charakterisieren

3

a Lies das folgende Gedicht von Erich Kästner.

Zur Fotografie eines Konfirmanden

Da steht er nun, als Mann verkleidet,
und kommt sich nicht geheuer vor.
Fast sieht er aus, als ob er leidet.
Er ahnt vielleicht, was er verlor.

Er trägt die erste lange Hose.
Er spürt das erste steife Hemd.
Er macht die erste falsche Pose.
Zum ersten Mal ist er sich fremd.

Er hört sein Herz mit Hämmern pochen.
Er steht und fühlt, dass gar nichts sitzt.
Die Zukunft liegt ihm in den Knochen.
Er sieht so aus, als hätt's geblitzt.

Womöglich kann man noch genauer
erklären, was den Jungen quält:
Die Kindheit starb; nun trägt er Trauer
und hat den Anzug schwarz gewählt.

Er steht dazwischen und daneben.
Er ist nicht groß. Er ist nicht klein.
Was nun beginnt, nennt man das Leben.
Und morgen früh tritt er hinein.

b Beschreibe, wie der junge Mann auf Erich Kästner gewirkt haben muss.

Eine Figuren-charakterisierung schreiben

c Sieh dir das Foto noch einmal an. Beschreibe und charakterisiere den jungen Mann aus deiner Sicht.

Sich selbst charakterisieren

4 Charakterisiere dich selbst.

a Ergänze folgende Satzanfänge.

Ich freue mich über

Ich bin begeistert von

Ich habe Angst vor

Ich interessiere mich für

Ich glaube an

Ich bin unsicher, wenn

Ich bin mit mir unzufrieden, weil

Ich bin froh über mich, weil

b Verfasse einen kurzen Text zum Thema »Wer bin ich?«. Beschreibe darin dein Äußeres und nutze auch die Vorarbeiten aus Aufgabe a. Schreibe in dein Heft.

Erzählen

!

Durch den gezielten Einsatz **sprachlicher Mittel** wird das Geschehen einer Erzählung für den Hörer oder Leser besonders gut nacherlebbar:

- treffende Verben, z. B.: *rascheln,*
- anschauliche Adjektive, z. B.: *fahles Licht,*
- anschauliche Nomen/Substantive, z. B.: *Wolldecke, Büchergestell,*
- Vergleiche, z. B.: *eine Nacht wie ein schwarzes Band.*

Ein wichtiges erzählerisches Mittel ist die **Zeitgestaltung**. Man unterscheidet:

- die **Zeitdehnung** durch das Einfügen von Gedanken, Gefühlen, Stimmungen, ausführlichen Orts-, Situations- oder Personenbeschreibungen; die Erzählzeit ist länger als die erzählte Zeit,
- die **Zeitraffung** durch das verkürzte Wiedergeben des Geschehens oder Zeitsprünge; die Erzählzeit ist kürzer als die erzählte Zeit,
- die **Vorausdeutung**: das Andeuten kommender Ereignisse,
- die **Rückblende**: das Aufgreifen von vergangenen Ereignissen.

1

a Lies den folgenden Auszug aus dem Kriminalroman »Der Richter und sein Henker« von Friedrich Dürrenmatt.

1 Gegen zwei Uhr nachts wachte Bärlach plötzlich auf. [...] Er lag nicht im Schlafzimmer, wie es sonst seine Gewohnheit war, sondern in der Bibliothek; denn, auf eine schlechte Nacht vorbereitet, wollte er, wie er sich erinnerte, noch lesen; doch mußte ihn mit einem Male ein tiefer Schlaf übermannt haben. Seine Hände fuhren über den Leib, er war noch in den Kleidern; nur eine Wolldecke hatte er über sich gebreitet. Er horchte. Etwas fiel auf den Boden, es war das Buch, in dem er gelesen hatte. Die Finsternis des fensterlosen Raumes war tief, aber nicht vollkommen; durch die offene Tür des Schlafzimmers drang schwaches Licht, von dort schimmerte der Schein der stürmischen Nacht. Er hörte von ferne den Wind aufheulen. Mit der Zeit erkannte er im Dunkel ein Büchergestell und einen Stuhl, auch die Kante des Tisches, auf dem, wie er mühsam erkannte, noch immer der Revolver lag. Da spürte er plötzlich einen Luftzug, im Schlafzimmer schlug ein Fenster, dann schloß sich die Tür mit einem heftigen Schlag. Unmittelbar nachher hörte der Alte vom Korridor her ein leises Schnappen. Er begriff. Jemand hatte die Haustüre geöffnet und war in den Korridor gedrungen [...].

2 So stand er da, und irgendwo in seiner Wohnung stand der andere, und die Nacht war zwischen ihnen, diese geduldige, grausame Nacht, die unter ihrem schwarzen Mantel die tödliche Schlange barg, das Messer, das sein Herz suchte. Der Alte atmete kaum. Er stand da und umklammerte die Waffe, kaum daß er fühlte, wie kalter Schweiß über seinen Nacken floß. [...]

3 Er war nur noch ein Auge, das die Nacht durchforschte, nur noch ein Ohr, das den kleinsten Laut überprüfte, nur noch eine Hand, die sich um das kühle Metall der Waffe schloß. [...] R

Einen Erzähltext untersuchen

b Beschreibe die Grundstimmung des Textes und unterstreiche Textstellen, die zu dieser Stimmung beitragen.

c Bestimme die Erzählperspektive im Text und belege sie mit Beispielen.

d Untersuche mithilfe des Merkkastens (S. 21), welche sprachlichen Mittel eingesetzt wurden. Schreibe fünf Beispiele aus dem Text heraus.

2

a Untersuche den Textauszug aus Aufgabe 1 a (S. 21) hinsichtlich der im Merkkasten genannten Mittel der Zeitgestaltung. Kennzeichne diese verschiedenfarbig.

b Lies noch einmal Abschnitt 1 des Textes. Nutze das Mittel der Rückblende und schreibe den Satz weiter.

Bärlach erinnerte sich, am Nachmittag

c Schreibe Abschnitt 3 des Textes weiter, indem du kommende Ereignisse andeutest.

Sollte er den Einbrecher nicht

Eindrücke wiedergeben – Schildern

!

Beim **Schildern (Wiedergeben von Eindrücken)** stellt man die Wahrnehmungen, Gedanken, Gefühle und Einstellungen von Personen oder Figuren ausführlich und anschaulich dar. Dazu beschreibt man z. B. die Sinneswahrnehmungen (Hören, Sehen, Riechen, Schmecken, Fühlen) genau und verwendet wörtliche Rede.
Erzählungen werden so besonders interessant und lebendig.

1 Versetze dich in folgende Situationen und schildere deine Sinneswahrnehmungen.

a Du öffnest vormittags das Fenster. Was hörst du?

____

____

____

____

____

____

b Du betrittst nach der Hofpause deine Schule. Was siehst du?

____

____

____

____

____

____

c Du liegst an einem heißen Tag am Strand. Was fühlst du?

____

____

____

____

____

d Du denkst an Gerüche, Geräusche und Farben der Jahreszeiten.
Welche fallen dir ein?

Frühling: frisch, der Duft der Schneeglöckchen, ____________

____

Sommer: ____________________________________

____

Herbst: ____________________________________

____

Winter: ____________________________________

____

2 Schildere deine Eindrücke und Gedanken in folgenden Situationen.

a Du nimmst als Zuschauer an einem Sportereignis teil.

____

____

____

____

____

b Du stehst auf einem Bahnsteig.

____

____

____

____

3 Wähle eine der folgenden Möglichkeiten aus und schildere deine Eindrücke:
- von deinem letzten Aufenthalt in der Natur,
- vor einem Auftritt oder Wettbewerb,
- von dem Besuch einer Kirmes,
- von einem Konzertbesuch.

Schreibe in dein Heft.

Mitteilungen verfassen

Beschwerden schreiben

> **!** Ein **Beschwerdebrief** sollte wie ein offizieller Brief abgefasst werden. Der Verfasser beschreibt darin, worin das Problem besteht, und erklärt, welche Lösung er erwartet. Der Brief kann mit einer Bitte um Rückmeldung beendet werden.
> Auf eine **sachliche und höfliche Ausdrucksweise** ist zu achten.

1 Korrigiere die folgenden Sätze aus Beschwerdebriefen.

a Die folgenden Sätze sind unangemessen formuliert. Überarbeite sie.

1 Und zum Grüßen kriegt der Busfahrer seinen Mund auch nicht auf.

____

____

____

2 Die Ausstellung war toll, die Führung, obwohl für Jugendliche gemacht, konnte man total vergessen.

____

____

____

3 Wie kann man so dämlich sein, das Paket an die falsche Adresse zu schicken?

____

____

____

b Die folgenden Sätze weisen Rechtschreibfehler auf. Markiere die Fehler und schreibe die Wörter richtig in die Randspalte.

______________ **1** Leider war die CD, die ich bei ihnen bestellt hatte, ganz zerkrazt.

______________ **2** Vielleicht lässt sich eine Zusammenarbeit mit der Schule organisieren, um die Turnhalle vor einer Vermüllung zu Bewahren.

______________ **3** Ein sorgfältigerer Umgang mit dem aufgegebenen Gepeck ist wünschenswert.

2

a Lies den folgenden Beschwerdebrief und prüfe, ob alle Bestandteile eines offiziellen Briefes enthalten sind. Notiere, welche Bestandteile fehlen.

> Felix Maier
> Wunderwaldstr. 3
> 99518 Bad Sulza
>
> 03.02.2015
>
> BLITZ!
> Sophienstr. 27
> 99518 Bad Sulza
>
> Hallo!
>
> So geht es ja gar nicht! Erst habt ihr den falschen Termin für unseren FUN-Sportarten-Nachmittag an unserer Schule abgedruckt und dann auch noch falsch darüber berichtet. Warum schickt ihr auch einen Praktikanten, der Fotos schießt wie auf einer Urlaubsreise? Und dann waren da noch die tausend Fehler – nicht nur inhaltlich. Auf so eine Berichterstattung kann man echt verzichten!
>
> Felix Maier
> Mitglied des Schülerrats

____

____

____

____

b Markiere diejenigen Formulierungen, die nicht den Anforderungen an einen offiziellen Brief entsprechen.

c Überarbeite den Brief, achte dabei auf eine sachliche und höfliche Ausdrucksweise. Schreibe in dein Heft.

3 Ihr erhaltet euer Mittagessen in Assietten und müsst aus diesen essen. Schreibe einen Beschwerdebrief an die Lieferfirma, in dem du darum bittest, über die Verwendung von Tellern nachzudenken. Schreibe in dein Heft.

Sachtexte erschließen

Sachtexten Informationen und Meinungen entnehmen

!

Sachtexte können mit unterschiedlichen Absichten geschrieben werden. Sie können:
- **informieren**: Es wird objektiv über einen Sachverhalt oder ein Problem berichtet. Oft werden Argumente dafür (pro) und dagegen (kontra) angeführt, damit sich der Leser eine eigene Meinung bilden kann.
- **appellieren**: Die Meinung der Leser wird beeinflusst und es soll möglichst eine vom Autor gewollte Handlung bei ihnen ausgelöst werden.
- **werten**: Es wird der eigene Standpunkt zum dargestellten Sachverhalt mitgeteilt.

1

a Lies die Überschrift des Textes in Aufgabe b und stelle Vermutungen an, worum es gehen könnte.

TIPP
Orientiere dich an den Hervorhebungen.

b Erfasse das Thema des Textes durch orientierendes Lesen. Ergänze den folgenden Satz.

Der Text beschäftigt sich mit

Wie satt bekommen?

Eine Milliarde Menschen hungern. Jeden Tag. Das sind so viele Menschen wie in Deutschland leben – und das dann noch mal zwölf. Ungefähr so viele. Kein Wunder also, dass die Politiker der mächtigsten Staaten die Ernährung der Welt zu einem der größten Probleme unserer Zeit ernannt haben. Denn bis zum Jahr 2050 sollen auf der Erde noch einmal zwei Milliarden Menschen dazukommen. [...] Wird es für sie alle genug zu essen geben?

Bisher hat die Menschheit erstaunliche Lösungen gefunden, um möglichst viele satt zu bekommen. In den vergangenen 40 Jahren [...] ist die Zahl der Erdbewohner noch stärker angestiegen, als sie es in Zukunft tun wird. Und trotzdem hungern heute im Vergleich zu früher weniger Menschen. Das liegt vor allem daran, dass Wissenschaftler neue Wege gefunden haben, auf dem Land der Bauern mehr Getreide, mehr Gemüse und auch mehr Fleisch zu produzieren. Bauern benutzen heute in großen Teilen der Welt Dünger auf ihren Äckern und neue Pflanzensorten, die sich besser gegen Schädlinge wehren können. Dadurch sind die Ernten viel größer geworden als zu der Zeit, als eure Großeltern Kinder waren.

Aber hier fangen auch die Probleme an: Durch die vielen Düngemittel verschmutzen Erde und Trinkwasser. Insektengifte sind oft auch für Menschen und

Tiere gefährlich. Doch Sorgen um Umwelt und Gesundheit können wir uns in den reichen Ländern leisten. Woanders sind die Menschen froh, wenn sie überhaupt etwas zu essen bekommen. In Afrika zum Beispiel bestellen viele der Bauern ihre Felder immer noch ohne Kunstdünger. Und ernten deswegen so wenig, dass sie häufig noch nicht einmal genug Essen für ihre Familie haben. Sie würden wahrscheinlich sofort mit mehr Chemie ihre Ernten steigern wollen.

Gerade den Menschen in den armen Ländern stehen in den nächsten Jahrzehnten noch ganz andere Probleme ins Haus: Der Klimawandel wird die Jahreszeiten verändern, es wird weniger oder viel zu viel regnen. Und dadurch wird es zu viel oder viel zu wenig Wasser geben – und schlechtere Ernten. Fruchtbare Erde wird durch Überflutungen und starke Winde abgetragen, und Schädlinge werden sich in neue Regionen ausbreiten, in denen es wärmer wird.

Heißt das also, dass auf jeden Fall mehr Menschen hungern werden? Nicht unbedingt. Denn wir können alle etwas gegen den Hunger tun. Wissenschaftler forschen an neuen Anbaumethoden und Pflanzen, die auch in heißen Gegenden und mit weniger Wasser wachsen. Hilfsorganisationen helfen Dorfgemeinschaften in Afrika oder Asien, Getreidespeicher zu bauen. Denn sehr viel Essen verdirbt in Ländern wie Kenia oder Ghana direkt nach der Ernte, zum Beispiel wenn die Menschen ihr Getreide unter Leinentüchern am Boden aufbewahren, weil sie kein Geld haben für Silos. Ratten fressen dann viele Körner auf.

Müllhalde für Obst in Italien

Doch auch wir im reichen Westen lassen viel zu viel Nahrung verderben: Die Hälfte aller Salate landet einfach im Müll, jedes dritte Brot und sogar ein Drittel aller Steaks und Würstchen. Das sind über 100 Kilogramm feinstes Essen für jeden Erwachsenen im Jahr. Wenn wir alle zusammen aufpassen, dass wir nicht mehr einkaufen, als wir wirklich verbrauchen, reduziert sich dieser Müllberg, und das Essen könnte weltweit sinnvoller verteilt werden. Und wir können noch etwas tun: mehr Gemüse und Brot essen und weniger Fleisch. Um ein Kilo Getreide zu produzieren, braucht ein Bauer zehn Badewannen voll Wasser. Um dagegen ein Kilo Fleisch zu produzieren, braucht er 106 Badewannen. Je mehr Fleisch wir also essen, desto größer wird der Wassermangel auf der Erde.

Bisher haben wir Menschen immer genug Essen für alle produziert. Und das wird auch in Zukunft so sein. Nur waren wir bisher sehr schlecht darin, dieses Essen gerecht auf der ganzen Welt zu verteilen. Wenn wir Hungerkatastrophen in Zukunft verhindern wollen, muss sich das ganz dringend ändern.

Cornelia Fuchs

c Lies den Text gründlich und beantworte spontan die Frage: Könnte man den Hunger auf der Welt eindämmen? Begründe deine Meinung in einem Satz.

____

____

____

d Gegenwärtig hungern eine Milliarde Menschen auf der Welt. Welche Gründe dafür werden im Text aufgeführt? Welche Lösungsmöglichkeiten werden benannt? Ergänze dazu die Tabelle.

Gründe für das Hungern in der Welt	Möglichkeiten, das Hungern einzudämmen

e Zwei Möglichkeiten zur Bekämpfung des Hungers sind mit negativen Begleiterscheinungen verbunden. Suche sie im Text und schreibe sie auf. Stütze diese Aussagen durch Beispiele aus der vergangenen Zeit.

2

TIPP
Denke an die Zeilenangaben.

a Entscheide hinsichtlich der Textfunktion: Ist der Text informierend, appellierend oder wertend? Belege deine Aussagen mit Textbeispielen.

b Gib dem Text eine Überschrift, in der die Funktion des Textes sofort deutlich wird.

TIPP
Denke an die Zeilenangaben.

c Die Autorin übt Kritik am Verhalten der Menschen in der westlichen Welt. Suche die Textstellen heraus, die ihren Standpunkt direkt oder indirekt deutlich machen.

Standpunkt	
direkt	indirekt

TIPP
Bedenke verschiedene Formulierungsmöglichkeiten und entscheide dich danach für eine.

d Im Text steckt ein allgemeiner Appell an uns alle. Markiere ihn im Text. Gib den Appell in indirekter Rede wieder.

Die Autorin ___

___

___

___

3 Beschreibe, was die folgenden Diagramme veranschaulichen.

a Lies die Überschriften. Welche Themen werden behandelt?

Diagramm 1: Wachstum der Weltbevölkerung

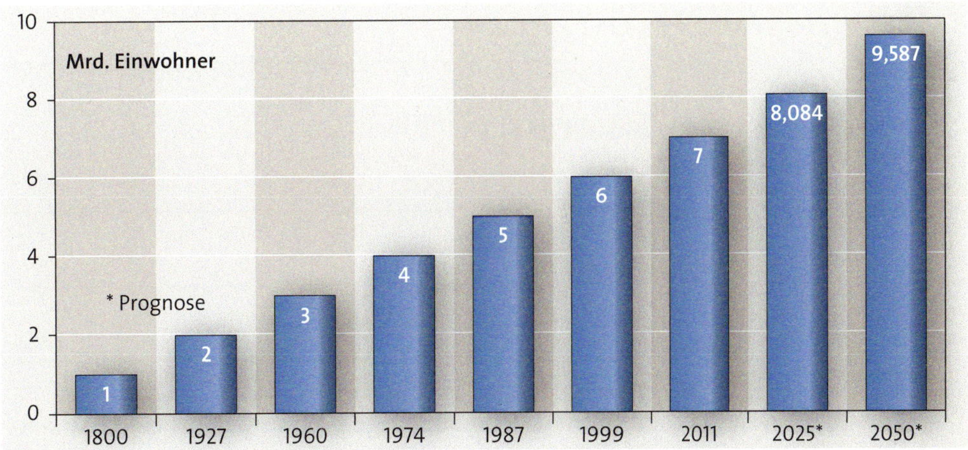

Diagramm 2: Verbrauch an Lebensmitteln in der Welt

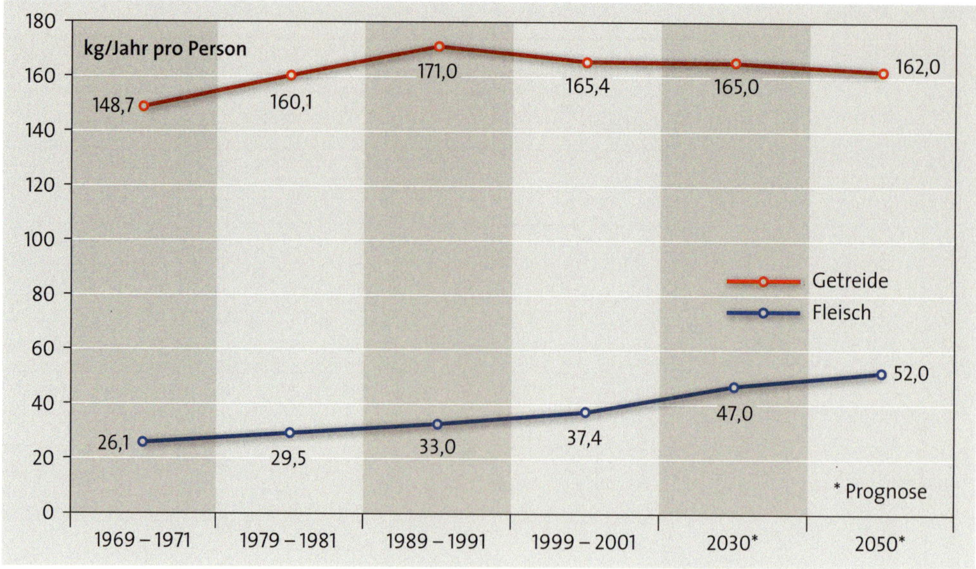

Diagramm 1: ________________________________

Diagramm 2: ________________________________

b Lies die Bezeichnungen der Achsen der Diagramme. Was wird jeweils angegeben?

Diagramm 1: x-Achse: ________________________________

y-Achse: ________________________________

Diagramm 2: x-Achse: ________________________________

y-Achse: ________________________________

c Entnimm den Darstellungen die konkreten Werte und formuliere die jeweiligen Aussagen in Sätzen. Schreibe in dein Heft.

d Vergleiche die Aussagen miteinander. Formuliere, welche Zusammenhänge und Auffälligkeiten zu erkennen sind. Schreibe in dein Heft.

e Überlege, welche Schlussfolgerungen daraus zu ziehen sind, und formuliere sie in Sätzen. Schreibe in dein Heft.

f Markiere im Text von Aufgabe 1 b (S. 27–28) die Aussagen, die durch die Diagramme besonders veranschaulicht werden.

●●● **4** Schreibe unter Nutzung der Diagramme kurze Ergänzungen zum Text, die sich sinnvoll in den Text einfügen. Gehe dabei wie folgt vor:

- Markiere die Textstellen, an denen du die Ergänzungen einfügen willst.
- Entwirf die Ergänzungen.
- Überprüfe, ob deine Ergänzungen inhaltlich und sprachlich zum Text passen. Korrigiere gegebenenfalls.
- Schreibe die überarbeiteten Textteile auf.

5

a Fasse schriftlich die Informationen aus dem Text und den Diagrammen zusammen. Formuliere auch, welche Ansichten die Autorin vertritt. Schreibe in dein Heft.

b Lies den Text nochmals und betrachte die dazugehörigen Diagramme. Überlege dir Ratschläge zur Frage »Was kann jeder von uns tun, um den Hunger in der Welt einzudämmen?«. Notiere sie als Aufforderungen in deinem Heft.

Kurzgeschichten lesen und verstehen

!

Kurzgeschichten (amerikan. *short stories*) sind kurze, prägnante Erzählungen mit folgenden typischen **Merkmalen**:
- einzelne alltägliche Ereignisse oder Erlebnisse werden erzählt,
- wenige Figuren treten auf,
- oft unvermittelter Beginn der Geschichte,
- offenes oder überraschendes Ende,
- begrenzte, überschaubare Handlungszeit,
- wenige Handlungsorte (oft nur einer),
- knappe, alltägliche Sprache, häufig Andeutungen und Metaphern.

1

a Lies die folgende Geschichte von Dieter Mucke (geb. 1936 in Leipzig).

Ein beinahe lustiges Geschichtchen

Über die Schienenschleife der Straßenbahn-Endstelle fegte ein beißender, schneestaubgesättigter Wind. Der viertelstündige Abstand, in dem die Bahnen fuhren, reichte gerade noch aus, um die parallelen Linien der schneeverwehten Schienen immer wieder zu markieren.

Es begann bereits zu dämmern. Man konnte noch gut sehen, doch die Schneekristalle wirbelten schon in den Lichtfühlern der vorsichtig fahrenden Autos.

In der schlecht geheizten Straßenbahn saßen die Leute mit hochgeschlagenem Mantelkragen, einen Arm durch die Henkel eines Netzes oder Einkaufsbeutels gefädelt, die Hände in die Taschen vergraben und warteten auf die Abfahrt. In ein paar Tagen war Weihnachten und die meisten hatten noch etwas in der Stadt zu besorgen. Ungeduldig trappelten sie sich die Füße warm und verfolgten mit ihren Blicken die wenigen Passanten auf der Straße.

Plötzlich richtete sich ihre Aufmerksamkeit auf einen Mann. Der kam den Radweg entlang, aber mehr getorkelt als gegangen. In der Hand trug er eine abgewetzte und ausgebeulte Aktentasche, den linken Arm hielt er waagerecht ausgestreckt, balancierte so den ungleichmäßigen Gang auf dem glatten Weg etwas aus und strebte der Bahn zu. Da sich an der Endstelle eine Kneipe befand, dachten sich die Leute ihr Teil.

Ungefähr zehn Meter vor seinem Ziel rutschte der Mann aus. Im Fall bekam er mit der freien Hand eine Laterne zu fassen. An der drehte er sich rücklings zu Boden. Dann saß er im Schnee. Das Grinsen der Straßenbahninsassen platzte zu einem Lachen. Sie rückten sich auf ihren Plätzen so zurecht, dass sie den Mann gut beobachten konnten, und waren neugierig, wie es nun weiterging.

Der Mann umarmte den Laternenpfahl und wand sich ebenso spiralförmig, nur viel langsamer, wieder hoch. Als er endlich aufrecht und schwankend neben der Laterne stand, merkte er, dass seine Tasche noch im Schnee lag, und griff sich an den Kopf, was abermals bei den Fahrgästen einen Heiterkeitsausbruch zur Folge hatte. Man wartete auf einmal nicht mehr ungeduldig auf die Abfahrt der Straßenbahn, sondern amüsierte sich auf seinem Sitz wie im Kino, genoss das Ganze wie einen Filmgag.

Indessen ließ sich der Mann wieder an dem Laternenpfahl herab.

Wahrscheinlich hielt er sich nicht richtig fest, er stauchte hart auf. Der Hut rutschte in die Stirn und nahm ihm die Sicht. Vor Verwirrung tappte er mit den Händen wie ein Blinder nach der Tasche. Das Lachen in der Straßenbahn brandete so laut auf, dass es durch die Ritzen der Türen bis zu ihm gedrungen sein musste.
Da riss sich der im Schnee Sitzende den Hut vom Kopf, zeigte den wiehernden Zuschauern wild gestikulierend den Vogel und zog mit einem Ruck beide Hosenbeine bis zu den Knien hoch. Aus den Schuhschäften ragte das Metallgestänge und Lederzeug von Prothesen.
Das Gelächter gefror auf der Stelle. Doch ehe sich die Fahrgäste eines Besseren besannen, klingelte die Straßenbahn und fuhr ab.

b Notiere erste Gedanken und Eindrücke zum Text.

Einen Text untersuchen

2 Weise nach, dass der Text aus Aufgabe 1 a (S. 34) eine Kurzgeschichte ist.

a Fasse zusammen, von welchem Ereignis erzählt wird.

TIPP
Überlege, welche Überschrift zum Text passen könnte.

b Formuliere, was deiner Meinung nach das Thema der Geschichte ist.

Die Geschichte handelt von

c Bestimme, aus wessen Perspektive das Geschehen erzählt wird. Überlege, warum der Autor diese Perspektive gewählt hat.

d Untersuche, welche Figuren auftreten. Was erfährst du über sie (äußere und innere Merkmale)?

e Bewerte die Handlungsweise der Figuren.

f Nenne Handlungszeit und Handlungsort.

g Betrachte Beginn und Ende der Geschichte. Was stellst du fest?

3 Untersuche die Sprache der Geschichte.

a Markiere Beispiele für knappe, alltägliche Wortwahl.

b Markiere Beispiele für Andeutungen und Metaphern.

c Unterstreiche kurze Sätze.

d Bestimme die vorherrschende Satzart.

Inhaltsangaben zu literarischen Texten verfassen

!

Mit einer **Inhaltsangabe** gibt man möglichst knapp und sachlich den wesentlichen Inhalt eines Textes, Films, Theaterstücks o. Ä. wieder.
Sie sollte folgende **Bestandteile** haben:

- Einleitung: Autorin/Autor, Textsorte (z. B. Kurzgeschichte), Titel, Thema
- Hauptteil: Figuren, Handlungsverlauf (*W*-Fragen)
- Schluss: Besonderheiten (z. B. offene Fragen, Lehre, Bezug zur Überschrift)

Eine Inhaltsangabe planen

1 Schreibe eine Inhaltsangabe zur Erzählung »Ein beinahe lustiges Geschichtchen« (S. 34–35).

a Notiere Stichpunkte für die Einleitung.

Autor: ______

Textsorte: ______

Titel: ______

Thema: ______

______

TIPP
Nutze deine Überlegungen zu Aufgabe 2 b (S. 35).

b Notiere Stichpunkte für den Hauptteil der Inhaltsangabe.
Nutze dazu deine Lösungen zu Aufgabe 2 (S. 35–36).

Worum geht es in der Geschichte? ______

______

______

______

______

______

Wer erzählt die Geschichte? ______

Wann spielt die Geschichte? ______

Wo spielt die Geschichte? ______

______

______

Welche Figuren treten auf, was erfährt man über sie (äußere und innere Merkmale)?

In welchem Verhältnis stehen die Figuren zueinander?

Wie ist der Handlungsverlauf?

c Überlege dir den Schluss deiner Inhaltsangabe. Notiere dir Stichpunkte.

Die Inhaltsangabe entwerfen und überarbeiten

2

a Schreibe mithilfe deiner Stichpunkte einen Entwurf der Inhaltsangabe in dein Heft. Lass ausreichend Platz zur Überarbeitung.

b Überarbeite den Entwurf. Achte darauf, dass du die Angaben aus den Aufgaben 1 a bis c (S. 37–38) verwendet hast. Überprüfe Rechtschreibung und Grammatik.

c Schreibe die Endfassung deiner Inhaltsangabe ins Heft.

Eine Inhaltsangabe verfassen

3 Lies die Erzählung von Reiner Kunze (geb. 1933 in Oelsnitz/Erzgeb.) und verfasse eine Inhaltsangabe. Gehe dazu vor wie in Aufgabe 1 (S. 37). Schreibe in dein Heft.

Fünfzehn

Sie trägt einen Rock, den kann man nicht beschreiben, denn schon ein einziges Wort wäre zu lang. Ihr Schal dagegen ähnelt einer Doppelschleppe: lässig um den Hals geworfen, fällt er in ganzer Breite über Schienbein und Wade. (Am liebsten hätte sie einen Schal, an dem mindestens drei Großmütter zweieinhalb Jahre gestrickt haben – eine Art Niagara-Fall aus Wolle. Ich glaube, von einem solchen Schal würde sie behaupten, daß er genau ihrem Lebensgefühl entspricht. Doch wer hat vor zweieinhalb Jahren wissen können, daß solche Schals heute Mode sein würden.) Zum Schal trägt sie Tennisschuhe, auf denen jeder ihrer Freunde und jede ihrer Freundinnen unterschrieben haben. Sie ist fünfzehn Jahre alt und gibt nichts auf die Meinung uralter Leute – das sind alle Leute über dreißig.

Könnte einer von ihnen sie verstehen, selbst wenn er sich bemühen würde? Ich bin über dreißig.

Wenn sie Musik hört, vibrieren noch im übernächsten Zimmer die Türfüllungen. Ich weiß, diese Lautstärke bedeutet für sie Lustgewinn. Teilbefriedigung ihres Bedürfnisses nach Protest. Überschallverdrängung unangenehmer logischer Schlüsse. Trance. Dennoch ertappe ich mich immer wieder bei einer Kurzschlußreaktion: Ich spüre plötzlich den Drang in mir, sie zu bitten, das Radio leiser zu stellen. Wie also könnte ich sie verstehen – bei diesem Nervensystem? [...]

Auf den Möbeln ihres Zimmers flockt der Staub. Unter ihrem Bett wallt er. Dazwischen liegen Haarklemmen, ein Taschenspiegel, Knautschlacklederreste, Schnellhefter, Apfelstiele, ein Plastikbeutel mit der Aufschrift »Der Duft der großen weiten Welt«, angelesene und übereinandergestülpte Bücher (Hesse, Karl May, Hölderlin), Jeans mit in sich gekehrten Hosenbeinen, halb- und dreiviertel gewendete Pullover, Strumpfhosen, Nylon und benutzte Taschentücher. (Die Ausläufer dieser Hügellandschaft erstrecken sich bis ins Bad und in die Küche.) Ich weiß: Sie will sich nicht den Nichtigkeiten des Lebens ausliefern. Sie fürchtet die Einengung des Blicks, des Geistes. Sie fürchtet die Abstumpfung der Seele durch Wiederholung! Außerdem wägt sie die Tätigkeiten gegeneinander ab nach dem Maß an Unlustgefühlen, das mit ihnen verbunden sein könnte, und betrachtet es als Ausdruck persönlicher Freiheit, die unlustintensiveren zu ignorieren. Doch nicht nur, daß ich ab und zu heimlich ihr Zimmer wische, um ihre Mutter vor Herzkrämpfen zu bewahren – ich muß mich auch der Versuchung erwehren, diese Nichtigkeiten ins Blickfeld zu rücken [...].

Einmal bin ich dieser Versuchung erlegen. Sie ekelt sich schrecklich vor Spinnen. Also sagte ich: »Unter deinem Bett waren zwei Spinnennester.«

Ihre mit lila Augentusche nachgedunkelten Lider verschwanden hinter den hervortretenden Augäpfeln, und sie begann »Ix! Ääx! Uh!« zu rufen, so daß ihre Englischlehrerin, wäre sie zugegen gewesen, von soviel Kehlkopfknacklauten – englisch »glottal stops« – ohnmächtig geworden wäre. »Und warum bauen die ihre Nester gerade bei mir unterm Bett?«

»Dort werden sie nicht oft gestört.« Direkter wollte ich nicht werden, und sie ist intelligent.

Am Abend hatte sie ihr inneres Gleichgewicht wiedergewonnen. Im Bett liegend, machte sie einen fast überlegenen Eindruck. Ihre Hausschuhe standen auf dem Klavier. »Die stelle ich jetzt immer dorthin«, sagte sie. »Damit keine Spinnen hineinkriechen können.« R

Stürmische Zeiten! Epochen der Literatur

Dramatische Texte lesen und verstehen

1 Lies zunächst den Text über Schillers Drama »Die Räuber«.
Markiere die Namen der Hauptfiguren.

Im ersten von ihm veröffentlichten Drama schildert Friedrich Schiller die Rivalität zweier verfeindeter Brüder: der freiheitsliebende Karl Moor und der kalt berechnende Franz Moor. Nur Karl hat als Erstgeborener das Recht auf das Erbe. Franz fühlt sich ungeliebt und versucht durch Intrigen[1], an das Erbe seines Vaters, Graf von Moor, heranzukommen. Er fälscht einen Brief und behauptet, sein Bruder wäre ein Betrüger und Mörder. Der Vater enterbt Karl. Als dieser keine Möglichkeit sieht, sich zu rechtfertigen, gründet er im Böhmerwald eine Räuberbande, deren Anführer er wird. Sein Ziel ist es, Schwächeren zu helfen. Aber nicht alle seine Gesellen haben die gleichen Ansichten wie er. Sein größter Widersacher innerhalb der Räuberbande ist Moritz Spiegelberg, der vom Morden, Brandschatzen und Plündern begeistert ist. Das Drama spielt im 18. Jahrhundert, als Räuberbanden in Deutschland nichts Ungewöhnliches waren.

[1] hinterlistige Handlungen

2 Lies den folgenden Dramenauszug. Markiere mit unterschiedlichen Farben, was Razmann über den Hauptmann Karl Moor erzählt und was Spiegelberg über sich selbst berichtet.

Friedrich Schiller
Die Räuber

Die böhmischen Wälder
Karls Räuberbande hält sich in den böhmischen Wäldern auf. Innerhalb der Bande gibt es zwei Gruppen: Spiegelberg und seine Gefährten wüten und plündern sinnlos. Karl und seine Anhänger haben andere Ziele.

Zweiter Akt, dritte Szene (1. Teil)
Die böhmischen Wälder.
Spiegelberg. Razmann. Räuberhaufen.

Razmann Bist da? Bist's wirklich? So lass dich doch zu Brei zusammendrücken, lieber Herzensbruder Moritz! Willkommen in den böhmischen Wäldern! [...] Bringst ja Rekruten mit, einen ganzen Trieb, du trefflicher Werber!

Spiegelberg Gelt, Bruder? gelt? Und das ganze Kerl dazu! – Du glaubst nicht, Gottes sichtbarer Segen ist bei mir: war dir ein armer hungriger Tropf, hatte nichts als diesen Stab, da ich über den Jordan ging, und jetzt sind unserer achtundsiebenzig, [...]

Razmann *lacht* Du bist eben noch immer der Alte.

Spiegelberg [...] Einen Spaß muss ich dir doch erzählen, den ich neulich im Cäcilien-Kloster angerichtet habe. Ich treffe das Kloster auf meiner Wanderschaft so gegen die Dämme-

rung, und da ich eben den Tag noch keine Patrone verschossen hatte – du weißt, ich hasse das [...] auf den Tod –, so musste die Nacht noch durch einen Streich verherrlicht werden [...]! Wir halten uns ruhig bis in die späte Nacht. Es wird mausstill. Die Lichter gehen aus. Wir denken, die Nonnen könnten jetzt in den Federn sein. Nun nehm ich meinen Kameraden Grimm mit mir, heiß die andern warten vorm Tor, bis sie mein Pfeifchen hören würden – versichere mich des Klosterwächters, Schlüssel ab, schleich mich hinein, wo die Mägde schliefen. [...] Wir gehen weiter von Zelle zu Zelle, nehmen einer Schwester nach der andern die Kleider, [...]. Jetzt pfeif ich, und meine Kerls draußen fangen an zu stürmen [...], als käm der Jüngste Tag, und hinein mit bestialischem Gepolter in die Zellen der Schwestern – Hahaha! – da hättest du die Hatz sehen sollen [...].

Razmann *auf den Boden stampfend* Dass mich der Donner da weg hatte! [...]

Spiegelberg So ist dein Erstes, wenn du in die Stadt kommst, du ziehst bei den Bettelvögten[2] [...] und Zuchtknechten[3] Kundschaft ein, wer so am fleißigsten bei ihnen einspreche, die Ehre gebe, und diese Kunden suchst du auf – ferner nistest du dich in die Kaffeehäuser [...] und Wirtshäuser ein, spähst, sondierst, wer am meisten [...] über die Regierung schimpft, [...] und dergleichen. Bruder! das ist die rechte Höhe! Die Ehrlichkeit wackelt wie ein hohler Zahn, [...] du gehst und wirfst einen vollen Beutel auf die offene Straße, versteckst dich irgendwo und merkst dir wohl, wer ihn aufhebt – eine Weile drauf jagst du hinterher, suchst, schreist und fragst nur so im Vorbeigehen: haben der Herr nicht etwa einen Geldbeutel gefunden? Sagt er ja, – nun so hat's der Teufel gesehen: leugnet er's aber: [...] du hast deinen Mann gefunden.

[2] Beamter; zuständig für die Kontrolle von Bettlern

[3] Aufseher im Zuchthaus (Gefängnis)

Razmann Du bist ein ausgelernter Praktikus.

Spiegelberg Sobald ich einmal die Fährte hatte, hängt ich mich meinem Kandidaten an wie eine Klette, saufte Brüderschaft mit ihm, [...] zechfrei musst du ihn halten! da geht freilich ein Schönes drauf, aber das achtest du nicht – du gehst weiter, du führst ihn in Spielkompanien und bei liederlichen Menschen ein, verwickelst ihn in Schlägereien und schelmische Streiche, bis er an Saft und Kraft und Geld und Gewissen und gutem Namen bankrott wird. [...] Noch ein kürzerer, besserer Weg ist der, du plünderst deinem Mann Haus und Hof ab, bis ihm kein Hemd mehr am Leibe hebt, alsdann kommt er dir von selber. [...] Schwere Not! den hab ich schön ins Garn gekriegt – ich hielt ihm vierzig Dukaten hin, die sollt' er haben, wenn er mir seines Herrn Schlüssel in Wachs drücken wollte – denk einmal! die dumme Bestie tut's, bringt mir, hol mich der Teufel! die Schlüssel und will jetzt das Geld haben – Monsieur, sagt' ich, weiß Er auch, dass ich jetzt diese Schlüssel gerades Wegs zum Polizeilieutnant trage und Ihm ein Logis[4] am lichten Galgen miete? – Tausend Sakerment! da hättest du den Kerl sehen sollen die Augen aufreißen und anfangen zu zappeln wie ein nasser Pudel. [...]

[4] hier: einen Platz

Razmann Ja, ja, ich muss gestehen. Ich will mir diese Lektion mit goldenen Ziffern auf meine Hirntafel schreiben. Der Satan mag seine Leute kennen, dass er dich zu seinem Mäkler gemacht hat. [...]

Razmann [...] Ja, ja, wie ich dir sage, Moritz, du wirst dem Hauptmann mit deinen Rekruten willkommen sein – er hat auch schon brave Kerl angelockt. [...] Nun ja! sie mögen hübsche Fingerchen haben – aber ich sage dir, der Ruf unsers Hauptmanns hat auch schon ehrliche Kerl in Versuchung geführt.

Spiegelberg Ich will nicht hoffen.

[5] französisch: ohne

Razmann Sans[5] Spaß! und sie schämen sich nicht, unter ihm zu dienen. Er mordet nicht um des Raubes willen, wie wir – nach dem Geld schien er nicht mehr zu fragen, sobald er's vollauf haben konnte, und selbst sein Drittteil an der Beute, das ihn von Rechts wegen trifft, verschenkt er an Waisenkinder oder lässt damit arme Jungen von Hoffnung studieren. Aber soll er dir einen Landjunker schröpfen, der seine Bauern wie das Vieh abschindet, oder einen Schurken mit goldnen Borten unter den Hammer kriegen, der die Gesetze falschmünzt und das Auge der Gerechtigkeit übersilbert, oder sonst ein Herrchen von dem Gelichter – Kerl! da ist er dir in seinem Element und haust teufelmäßig, als wenn jede Faser an ihm eine Furie wäre.

Spiegelberg Hum! Hum!

Razmann Neulich erfuhren wir im Wirtshaus, dass ein reicher Graf von Regensburg durchkommen würde, der einen Prozess von einer Million durch die Pfiffe seines Advokaten[6] durchgesetzt hätte; er saß eben am Tisch und brettelte. – Wie viel sind unserer? frug er mich, indem er hastig aufstand; ich sah ihn die Unterlippe zwischen die Zähne klemmen, welches er nur tut, wenn er am grimmigsten ist – Nicht mehr als fünf! sagt' ich – Es ist genug! sagt' er, warf der Wirtin das Geld auf den Tisch, ließ den Wein, den er sich hatte reichen lassen, unberührt stehen – wir machten uns auf den Weg. Die ganze Zeit über sprach er kein Wort, lief abseitwärts und allein, nur dass er uns von Zeit zu Zeit fragte, ob wir noch nichts gewahr worden wären, und uns befahl, das Ohr an die Erde zu legen. Endlich so kommt der Graf hergefahren, der Wagen schwer bepackt, der Advokat saß bei ihm drin, voraus ein Reiter, nebenher ritten zwei Knechte – da hättest du den Mann sehen sollen, wie er, zwei Terzerolen[7] in der Hand, vor uns her auf den Wagen zusprang! und die Stimme, mit der er rief: Halt! – Der Kutscher, der nicht Halt machen wollte, musste vom Bock herabtanzen; der Graf schoss aus dem Wagen in den Wind, die Reiter flohen – Dein Geld, Canaille!, rief er donnernd – [...]

[6] Rechtsanwalt

[7] Pistolen

Spiegelberg Hum! Hum! Bruder, was ich dir vorhin erzählt habe, bleibt unter uns, er braucht's nicht zu wissen. Verstehst du?

Razmann Recht, recht, ich versteh.

Spiegelberg Du kennst ihn ja! Er hat so seine Grillen. Du verstehst mich.

Razmann Ich versteh, ich versteh.

3 In der Szene wird über die Verbrechen Moors und Spiegelbergs berichtet. Welche Motive haben beide für ihr Handeln? Belege deine Aussagen mit Textstellen. Trage deine Ergebnisse in die Tabelle ein.

	Karl Moor	Spiegelberg
Motiv		
Textstellen		

4 Welche Schlussfolgerungen kannst du für das Handeln beider Figuren ableiten?

____

____

____

5 Erstelle zu Spiegelberg einen Steckbrief.

Name: *Moritz Spiegelberg* ______________________

Gesellschaftliche Stellung: ______________________

Temperament: ______________________

Verhalten in der Szene: ______________________

Sprechweise: ______________________

6 Lies weiter. Fasse den Inhalt des folgenden Abschnittes zusammen. Schreibe in dein Heft.

Zweiter Akt, dritte Szene (2. Teil)
Schwarz in vollem Lauf.

Razmann Wer da? was gibt's da? Passagiers im Walde?

Schwarz Hurtig, hurtig! wo sind die Andern? – Tausendsakerment! Ihr steht da und plaudert! Wisst ihr denn nicht – Wisst ihr denn gar nicht? – und Roller –

Razmann Was denn? was denn?

Schwarz Roller ist gehangen, noch vier andere mit.

Razmann Roller? Schwere Not! seit wann – woher weißt du's?

Schwarz Schon über drei Wochen sitzt er, und wir erfahren nichts, schon drei Rechtstage sind über ihn gehalten worden, und wir hören nichts; man hat ihn auf der Tortur examiniert[6], wo der Hauptmann sei? – der wackere Bursche hat nichts bekannt; gestern ist ihm der Prozess gemacht worden, diesen Morgen ist der dem Teufel extra Post zugefahren.

Razmann Vermaledeit! weiß es der Hauptmann?

Schwarz Erst gestern erfährt er's. Er schäumt wie ein Eber. Du weißt, er hat immer am meisten gehalten auf Roller, und nun die Tortur erst – Strick und Leiter sind schon an den Turm gebracht worden, es half nichts; er selbst hat sich schon in Kapuzinerskutte[7] zu ihm geschlichen und die Person mit ihm wechseln wollen; Roller schlug's hartnäckig ab; jetzt hat er einen Eid geschworen, dass es uns eiskalt über die Leber lief, er wolle ihm eine Todesfackel anzünden, wie sie noch keinem König geleuchtet hat, die ihnen den Buckel braun und blau brennen soll. Mir ist bang für die Stadt.
[...]

8 unter Folter befragt

9 Mönchskutte

Razmann *aufspringend* Horch! ein Schuss. *Schießen und Lärmen.*
Spiegelberg Noch einer!
Razmann Wieder einer! der Hauptmann! *Hinter der Szene gesungen.*
Schweizer *Roller hinter der Szene* Holla ho! Holla ho!
Razmann Roller! Roller! Holen mich zehn Teufel!
Schweizer *Roller hinter der Szene* Razmann! Schwarz! Spiegelberg! Razmann!
Razmann Roller! Schweizer! Blitz, Donner, Hagel und Wetter! *Fliegen ihm entgegen.*

Räuber Moor zu Pferd. Schweizer, Roller, Grimm, Schufterle. Räubertrupp mit Kot und Staub bedeckt treten auf.

Räuber Moor *vom Pferd springend* Freiheit! Freiheit! – Du bist im Trocknen, Roller! – Führ meinen Rappen ab, Schweizer, und wasch ihn mit Wein. *Wirft sich auf die Erde.* Das hat gegolten!
Razmann *zu Roller* Nun, bei der Feueresse[10] des Plutos! bist du vom Rad auferstanden?
Schwarz Bist du sein Geist? oder bin ich ein Narr? oder bist du's wirklich?
Roller *in Atem* Ich bin's. Leibhaftig. Ganz. Wo glaubst du, dass ich herkomme? [...] Ich komme recta[11] vom Galgen her. Lass mich nur erst zu Atem kommen. Der Schweizer wird dir erzählen. Gebt mir ein Glas Branntenwein! – du auch wieder da, Moritz? Ich dachte, dich woanders wiederzusehen – Gebt mir doch ein Glas Branntenwein! meine Knochen fallen auseinander – o mein Hauptmann! Wo ist mein Hauptmann? [...]
Schweizer Es war ein Spaß, der sich hören lässt. Wir hatten den Tag vorher durch unsre Spionen Wind gekriegt, der Roller liege tüchtig im Salz, und wenn der Himmel nicht bei Zeit noch einfallen wollte, so werde er morgen am Tag – das war heut – den Weg alles Fleisches gehen müssen – Auf!, sagt' der Hauptmann, was wiegt ein Freund nicht? [...]
Wir passten die Zeit ab, bis die Passagen leer waren. Die ganze Stadt zog dem Spektakel nach, Reiter und Fußgänger durcheinander und Wagen, der Lärm und der Galgenpsalm johlten weit. Jetzt, sagt' der Hauptmann, brennt an, brennt an! Die Kerl flogen wie Pfeile, steckten die Stadt an dreiunddreißig Ecken zumal in Brand, warfen feurige Lunten in die Nähe des Pulverturms, in Kirchen und Scheunen – Mordbleu! es war keine Viertelstunde vergangen, der Nordostwind, der auch seinen Zahn auf die Stadt haben muss, kam uns trefflich zustatten und half die Flamme bis hinauf in die obersten Giebel jagen. Wir indes Gasse auf Gasse nieder, wie Furien – Feuerjo! Feuerjo! durch die ganze Stadt – Geheul – Geschrei – Gepolter – fangen an die Brandglocken zu brummen, knallt der Pulverturm in die Luft, als wär die Erde mitten entzwei geborsten, und der Himmel zerplatzt, und die Hölle zehntausend Klafter tief versunken.

[10] Schlot, Schornstein

[11] lateinisch: geradewegs

Einer von der Bande Ich hab mich während des Durcheinanders in die Stephanskirche geschlichen und die Borten vom Altartuch abgetrennt; der liebe Gott da, sagt' ich, ist ein reicher Mann und kann ja Goldfäden aus einem Batzenstrick machen.

Schweizer Du hast wohl getan – was soll auch der Plunder in einer Kirche? Sie tragen's dem Schöpfer zu, der über den Trödelkram lachet, und seine Geschöpfe dürfen verhungern. – Und du, Spangeler – wo hast du dein Netz ausgeworfen?

Ein Zweiter Ich und Bügel haben einen Kaufladen geplündert und bringen Zeug für unser fünfzig mit.

Ein Dritter Zwei goldene Sackuhren habe ich weggebixt und ein Dutzend silberne Löffel dazu.

Schweizer Gut, gut. Und wir haben ihnen eins angerichtet, dran sie vierzehn Tage werden zu löschen haben. Wenn sie dem Feuer wehren wollen, so müssen sie die Stadt durch Wasser ruinieren – Weißt du nicht, Schufterle, wie viel es Tote gesetzt hat?

Schufterl Dreiundachtzig, sagt man. Der Turm allein hat ihrer sechzig zu Staub zerschmettert.

Räuber Moor *sehr ernst* Roller, du bist teuer bezahlt. [...] Oh der armen Gewürme! Kranke, sagst du, Greise und Kinder? [...] Hier entsag ich dem frechen Plan, gehe, mich in irgendeine Kluft der Erde zu verkriechen, wo der Tag vor meiner Schande zurücktritt. *Er will fliehen.*

Räuber *eilig* Sieh dich vor, Hauptmann! Es spukt! Ganze Haufen böhmischer Reiter schwadronieren um Holz herum – der höllische Blaustrumpf muss ihnen verträtscht haben.

Neue Räuber Hauptmann, Hauptmann! Sie haben uns die Spur abgelauert – rings ziehen ihre etliche tausend einen Kordon um den mittlern Wald.

7 Weise nach, dass der von dir gelesene Dramenauszug der Epoche des Sturm und Drang zugeordnet werden kann. Notiere zu jedem Epochenmerkmal ein Beispiel aus dem Text. Schreibe mit eigenen Worten.

Epochenmerkmal	Textbeispiel
Genie, das sich seine Regeln und Gesetze selbst schafft	
keine Einheit von Ort, Zeit und Handlung	
turbulente Handlung mit Massenszenen	
Hauptpersonen als »Kraftkerle«, die nicht zögern, gegen die Welt anzurennen	
ungebundene und gefühlsbetonte Sprache	

Gedichte aus verschiedenen Zeiten vergleichen

1 Die Gedichte auf dieser Doppelseite passen thematisch zueinander, sind aber zu unterschiedlichen Zeiten entstanden. Lies die Texte und vergleiche sie miteinander.

Heinrich Heine (1797–1856)
Ein Jüngling liebt ein Mädchen

Ein Jüngling liebt ein Mädchen,
Die hat einen andern erwählt;
Der andre liebt eine andre
Und hat sich mit dieser vermählt.

Das Mädchen heiratet aus Ärger
Den ersten besten Mann,
Der ihr in den Weg gelaufen;
Der Jüngling ist übel dran.

Es ist eine alte Geschichte,
Doch bleibt sie immer neu;
Und wem sie just passieret,
Dem bricht das Herz entzwei.

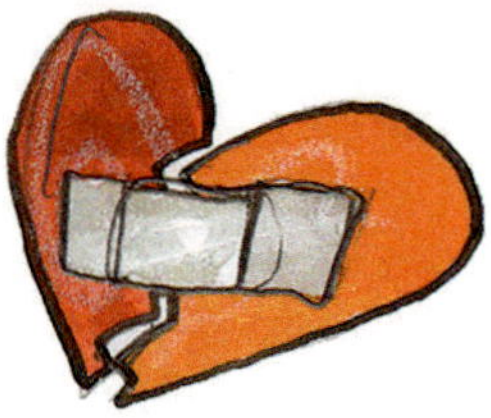

Johann Wolfgang von Goethe (1749–1832)
Freudvoll

Freudvoll
Und leidvoll,
Gedankenvoll sein,
Langen
Und bangen
In schwebender Pein,
Himmelhoch jauchzend,
Zum Tode betrübt;
Glücklich allein
Ist die Seele, die liebt.

Manfred Mai (geb. 1949)
wenn's anfängt

wenn's
bubbert und bibbert,
kribbelt und krabbelt.

wenn's
heiß wird und kalt,
zippelt und zappelt.

wenn's
eng wird und weit
zieht, spannt und drückt,

wenn's
weh und gut tut,
wirst du beinah verrückt!

vor Glück!

Nora Clormann-Lietz
(geb. 1934)
Was zum Kuss gehört

Wimpernklimpern
Augenglänzen
Lächeln
Händchenhalten
Streicheln
Herzbumpern
rote Ohren
Wonnerieselrückenschauer
Kribbeln
bisschen schwitzen
unruhig sitzen
glücklich sein

Hans Manz (geb. 1931)
Störung

Ich liebe dich.
Du liebst ihn.
Er liebt mich.
Und dennoch kann ich
nicht einfach sagen:
Wir lieben uns.

2 Wähle zwei Gedichte aus verschiedenen Zeiten aus und vergleiche sie. Gehe schrittweise vor und ergänze die Tabelle.

Titel		
Autor/-in, Zeit		
Thema		
Aussage		
Stimmung		
Form		
Sprache		

Berufswünsche und Lebensträume

Die Grundaussage eines Gedichts formulieren

1 Lies die sechs Gedichte. Ordne den Gedichten die passenden Titel zu und schreibe sie auf.

Glücklich oder zufrieden? **Hoffnung**

Angst und Zweifel **Mit dem Drachen**

Langeweile **Hat alles seine Zeit**

A

Johann Wolfgang von Goethe (________________)

____

Das Nahe wird weit,
Das Warme wird kalt,
Der Junge wird alt,
Das Kalte wird warm,
Der Reiche wird arm,
Der Narre gescheit,
Alles zu seiner Zeit.

B

Friedrich Schiller (________________)

____

Es reden und träumen die Menschen viel
Von bessern künftigen Tagen,
Nach einem glücklichen goldenen Ziel
Sieht man sie rennen und jagen.
Die Welt wird alt und wird wieder jung.
Doch der Mensch hofft immer Verbesserung!

Die Hoffnung führt ihn ins Leben ein.
Sie umflattert den fröhlichen Knaben,
Den Jüngling begeistert ihr Zauberschein,
Sie wird mit dem Greis nicht begraben.
Dann beschließt er im Grabe den müden Lauf,
Noch am Grabe pflanzt er – die Hoffnung auf.

Es ist kein leerer schmeichelnder Wahn,
Erzeugt im Gehirne des Toren.
Im Herzen kündet es laut sich an.
Zu was Besserm sind wir geboren,
Und was die innere Stimme spricht,
Das täuscht die hoffende Seele nicht.

C

Rose Ausländer (________________)

____

Langeweile
was ist das

Du siehst
Menschen
Bäume Himmel
hörst Worte Lieder
du bewunderst
ein Bild ein Gedicht
erkennst
dass sich alles bewegt
und du bewegt wirst
ein Fünkchen Leben
aus der Lebensflamme

Wie
kann es
langweilig sein

D

Erich Fried (________________)

____

Zweifel nicht
an dem
der dir sagt
er hat Angst

aber hab Angst
vor dem
der dir sagt
er kennt keinen Zweifel.

E

Liselotte Rauner (________________)

____

Als mein Vater
mich zum ersten Mal fragte
was ich mal werden will
sagte ich nach kurzer Denkpause
«Ich möchte mal glücklich werden«
Da sah mein Vater sehr unglücklich aus
aber dann bin ich doch was anderes geworden
und alle waren mit mir zufrieden

F

Philipp Luidl
(________________)

____

____

____

Mit dem drachen
steigt unsere sehnsucht
die winde zu sprechen

Ihnen entgegenzuhalten
eine lange schnur
und einen wunsch

Aber nichts ist schwieriger
als einen wunsch
zum fliegen zu bringen

2 Formuliere zu jedem Gedicht die jeweilige Grundaussage in einem Satz.

Text	Grundaussage
A	
B	
C	
D	
E	
F	

3 Recherchiere die Lebensdaten der Dichterinnen und Dichter und schreibe sie neben den jeweiligen Namen (in die Klammern).

4 Im Gedicht von Liselotte Rauner wird das lyrische Ich gefragt, was es einmal werden möchte. Wie würdest du antworten? Notiere deine Gedanken.

____

____

____

Praktikumsberichte schreiben

!

In einem **Praktikumsbericht** dokumentiert man Ziele, Aufgaben, Verlauf und Ergebnisse eines Praktikums. Folgendes sollte mindestens enthalten sein:

- Deckblatt: Name, Schule, Klasse, Praktikumszeit, Betrieb
- Einleitung: Genaueres zu Praktikumsbetrieb und -zeit, Begründung des Praktikums
- Hauptteil: Ziele, Aufgaben, Verlauf und Besonderheiten, Tagesberichte
- Schluss: Ergebnisse und Gesamteinschätzung, Abschlussbericht

In einem **Tagesbericht** (Tabelle oder zusammenhängender Text) werden der Ablauf und die Ergebnisse eines Arbeitstages chronologisch (in der richtigen zeitlichen Abfolge) sowie genau und sachlich (Fachwortschatz) dokumentiert.

In einem **Abschlussbericht** werden die wichtigsten Erkenntnisse und Erfahrungen aus dem gesamten Praktikum zusammengefasst, z. B.:

- Warum wurde das Praktikum absolviert?
- Welche Tätigkeiten waren auszuführen? Welche Kenntnisse wurden erworben?
- Wie waren die Betreuung und der Umgang mit Vorgesetzten und Kollegen? (Begründung)
- Wie wirkte sich das Praktikum auf den Berufswunsch aus?
- Entsprach das Praktikum insgesamt den Erwartungen? (Begründung)
- Kann der Praktikumsbetrieb weiterempfohlen werden? (Begründung)

1 Sophia möchte Erzieherin werden und absolviert ein Praktikum in einer Kindertagesstätte.

a Lies, was sie am Nachmittag einer Freundin von ihren Erlebnissen berichtet.

Stell dir vor, heute durfte ich den Vorschulkindern beim Zählen helfen. Das war ganz schön anstrengend, obwohl wir nur Perlen mengenmäßig geordnet haben. Und dann kam ich auch noch fünf Minuten zu spät, weil der Bus eine Umleitung fahren musste. Eigentlich fange ich ja 7:30 Uhr an und helfe, das Frühstück um 8 Uhr vorzubereiten. Nach dem Morgenkreis, so gegen 9 Uhr, verteilten sich die Kinder auf die einzelnen Räume. Ich war heute für die Großen zuständig. Wir haben gemalt, gespielt und gesungen. Das war total lustig, denn wir haben so ein Fingerspiel-Zähllied geübt. Eine Stunde vor dem Mittagessen war Bewegung auf dem Spielplatz angesagt. Und pünktlich um 11 Uhr gab es heute leckeren Spinat. Das war 'ne Kleckerei! Und dann dauert es immer, bis alle ihre Zähne geputzt haben und für den Mittagsschlaf umgezogen sind. Bei meiner zweistündigen Schlafwache war es dann recht ruhig. Gegen 14 Uhr haben wir gevespert und bis zu meinem Feierabend um 16 Uhr habe ich noch kleine Osterhasen gebastelt. Auf der Busfahrt nach Hause ging mir dieses Zähllied nicht mehr aus dem Kopf.

TIPP
Suche zuerst alle Angaben zu Uhrzeiten und Tätigkeiten heraus und unterstreiche sie.

b Verfasse anhand der Erzählung von Sophia einen tabellarischen Tagesbericht.

c Formuliere Sophias Erzählung zu einem ausführlichen Tagesbericht um, indem du Überflüssiges weglässt und sprachliche Verbesserungen vornimmst. Nutze deine Ergebnisse aus Aufgabe b. Schreibe in dein Heft.

2

a Leon hat ein Praktikum in einer Autowerkstatt absolviert. Lies seinen Abschlussbericht kritisch und prüfe mithilfe des Merkkastens, ob alle Fragen beantwortet wurden. Notiere, was fehlt.

Abschlussbericht
Auf die Idee, ein Praktikum bei »Auto-Henne« zu machen, hat mich mein bester Kumpel gebracht. Der brauchte noch ein paar Teile für sein Moped und da sollte ich mich doch gleich mal umschauen. Die ersten zwei Tage war nur Aufräumen angesagt. Das war total öde. Als ich dann mal ein paar Fragen zu so ’nem heißen Schlitten hatte, wurde der Meister richtig sauer. Doch einen Tag später durfte ich schon ein paar Teile zureichen und den Luftdruck prüfen. Außerdem weiß ich nun, wie man eine leckende Ölwanne repariert. Die Leute bei »Auto-Henne« waren ziemlich nett.

b Überarbeite den Praktikumsbericht. Achte auf eine genaue und sachliche Darstellung. Schreibe in dein Heft.

Wortarten und Wortformen

Die Wortarten im Überblick

1

a Lies das Gedicht von Erich Kästner. Unterstreiche Wörter, durch die es gelingt, den Frühling besonders anschaulich und bildhaft zu beschreiben.

Besagter Lenz ist da

Es ist schon so. Der Frühling kommt in Gang.
Die Bäume räkeln sich. Die Fenster staunen.
Die Luft ist weich, als wäre sie aus Daunen.
Und alles andere ist nicht von Belang.

Nun brauchen alle Hunde eine Braut.
Und Pony Hütchen sagte mir, sie fände:
Die Sonne habe kleine, warme Hände
und krabble ihr mit diesen auf der Haut.

Die Hausmannsleute stehen stolz vorm Haus.
Man sitzt schon wieder auf Caféterrassen
und friert nicht mehr und kann sich sehen lassen.
Wer kleine Kinder hat, der fährt sie aus. [...]

Man sollte wieder mal spazieren gehn.
Das Blau und Grün und Rot war ganz verblichen.
Der Lenz ist da! Die Welt wird frisch gestrichen.
Die Menschen lächeln, bis sie sich verstehn.

Die Seelen laufen Stelzen durch die Stadt.
Auf dem Balkon stehn Männer ohne Westen
und säen Kresse in die Blumenkästen.
Wohl dem, der solche Blumenkästen hat!

Die Gärten sind nur noch zum Scheine kahl.
Die Sonne heizt und nimmt am Winter Rache.
Es ist zwar jedes Jahr dieselbe Sache,
Doch es ist wie zum ersten Mal.

b Bestimme jeweils die Wortart der von dir unterstrichenen Wörter.

c Führe ein Brainstorming durch. Schreibe möglichst viele Adjektive, Verben und Nomen zum Thema *Frühling* in dein Heft. Ordne sie dann nach der Wortart.

TIPP
Lies das Gedicht noch einmal, am besten laut oder halblaut.

d Kästner verwendet in seinem Gedicht eine Konjunktion besonders häufig. Unterstreiche sie und überlege, wie die Wiederholung der Konjunktion auf dich wirkt.

e Suche weitere Konjunktionen im Gedicht und markiere sie. Überlege, welche Bedeutung sie haben.

f Lies die ersten drei Strophen noch einmal und suche mindestens ein Beispiel für die genannten Wortarten.

bestimmter/unbestimmter Artikel: der (Z. 1), ______

Personalpronomen: ______

Demonstrativpronomen: ______

Relativpronomen: ______

Reflexivpronomen: ______

Präposition: ______

Adverb: ______

Verben

Die Modusformen des Verbs: Indikativ und Konjunktiv I

!

Verben bilden **Modusformen** (Formen der Aussageweise):

- **Indikativ** (Wirklichkeitsform): Tatsachen, direkte (wörtliche) Rede werden wiedergegeben, z. B.: *Ina mögen alle. »Ich lache nun mal gern«, sagt sie.*
- **Konjunktiv I**: Indirekte (nicht wörtliche) Rede wird wiedergegeben. Dabei muss man oft die Pronomen, Orts- und Zeitangaben umformulieren, z. B.:

direkte (wörtliche) Rede	indirekte (nicht wörtliche) Rede
»Ina geht offen auf Menschen zu«, erklärt ihre Freundin.	*Ina gehe offen auf Menschen zu, erklärt ihre Freundin.*

Die **Formen des Konjunktivs I** werden vom Indikativ (Präsens, Perfekt bzw. Futur) abgeleitet, die Endungen enthalten oft ein *-e*, z. B.:
du singst → du singest, er hat gesungen → er habe gesungen, er wird singen → er werde singen.

1 Benni S. ist in Thüringen ein bekannter DJ. Während eines Schülerforums an seiner ehemaligen Schule erzählt er von seinem Hobby.

a Unterstreiche in der direkten Rede die Subjekte einfach und die finiten Verbformen des Indikativs doppelt.

»Ich bin jetzt 25 Jahre alt und in der Szene immer noch ein junger Hüpfer. Vor ungefähr sieben Jahren hat meine Karriere begonnen. Am Anfang kostet das richtig: Man braucht gute Technik, massenhaft Platten und einen Übungsraum. Außerdem muss man gute Freunde und verständnisvolle Eltern haben. Ich bin nicht sicher gewesen, ob ich jemals meinen Traum verwirklichen kann. Nur wenige sind damals bereit gewesen, mir eine Chance zu geben. Heute darf ich an jedem Wochenende auflegen.«

TIPP
Beachte, dass du die Personal- und Possessivpronomen ändern musst.

b Stelle dir vor, du willst auf der Schul-Homepage über Benni S. berichten. Gib seine Ausführungen in indirekter Rede wieder. Verwende den Konjunktiv I.

Benni S. erzählte, er sei jetzt ______________________________

____

____

____

____

____

____

____

____

c Überprüfe noch einmal, ob du alle Verbformen im Konjunktiv I richtig verwendet und die Pronomen entsprechend geändert hast. Unterstreiche in deinem Text die Subjekte einfach und die geänderten Verbformen doppelt.

2 Stelle dir vor, dein Bericht auf der Homepage würde so weitergehen.

a Unterstreiche in der indirekten Rede die Subjekte einfach und die Konjunktivformen doppelt.

Ein Traum sei schon in Erfüllung gegangen, nämlich auf einem großen Open-Air-Festival auflegen zu können. Er habe leider zu wenig Zeit, noch intensiver zu üben, denn sein eigentlicher Beruf als Informatiker erfordere viel Konzentration und Kreativität. Außerdem habe er eine Freundin, mit der er auch gemeinsam Zeit verbringen wolle. Trotz der vielen Aufgaben fühle er sich gut und erwarte mit Spannung die kommenden Wochen und Monate.

TIPP
Denke an die Anführungszeichen am Ende der direkten Rede.

b Schreibe in direkter Rede auf, was Benni tatsächlich im Schulforum sagte. Verwende Verbformen im Indikativ.

Benni sagte: »Ein Traum ist schon in

Die Modusformen des Verbs: Konjunktiv II

!

Mit Verbformen im **Konjunktiv II** (Möglichkeitsform) drückt man Vorstellungen oder Wünsche aus, z. B.: *Ich wäre so gern Millionär.*
Verbformen im Konjunktiv II bildet man vom Indikativ Präteritum bzw. Plusquamperfekt, in der Regel mit einem Umlaut, z. B.:
er sang – er sänge, ich hatte gelacht – ich hätte gelacht, sie waren – sie wären.
Einige Verbformen im Konjunktiv II werden nur noch selten gebraucht, andere stimmen in der Form mit dem Indikativ überein. Man ersetzt sie durch ***würde* + Infinitiv**, z. B.:
ich schwamm – ich schwämme (ungebräuchlich) → *ich würde schwimmen*
ich lachte – ich lachte (Indikativ = Konjunktiv II) → *ich würde lachen*

1

a Unterstreiche in den Sätzen die Verbformen im Konjunktiv II.

1 Ich könnte auf einem großen Open-Air-Festival auflegen.
2 Ich hätte gerne eine Freundin, mit der ich viel Zeit gemeinsam verbringen kann.
3 Ich wäre gespannt auf die kommenden Wochen und Monate.
4 Ich dürfte bestimmt in bekannten Diskos auflegen.

b Trage die Konjunktivformen aus Aufgabe a richtig ein und ergänze die Tabelle.

Infinitiv	Präteritum Indikativ	Konjunktiv II
	(ich) konnte	(ich) könnte

2

a Lies das Gedicht von James Krüss. Forme die finiten Verbformen in den Konjunktiv II um und schreibe das Gedicht in dein Heft.

Wenn die Möpse Schnäpse trinken

Wenn die
Möpse
Schnäpse
Trinken,
Wenn vorm
Spiegel
Igel
Stehn,
Wenn vor
Föhren
Bären
Winken,
Wenn die
Ochsen
Boxen
Gehn, [...]
Wenn Giraffen
Affen
Fangen,
Wenn ein
Mäuslein
Läuslein
Wiegt, [...]
Wenn der
Biber
Fieber
Kriegt,
Dann
Entsteht zwar
Ein Gedicht,
Aber
Sinnvoll
Ist es
Nicht.

b Lies das Gedicht mit den Konjunktivformen laut oder halblaut. Begründe, warum man hier keine *würde*-Ersatzformen verwenden sollte.

Die Modusformen des Verbs: Imperativ

!

Neben dem Indikativ und dem Konjunktiv gibt es in der deutschen Sprache eine dritte Modusform, den **Imperativ.** Er wird verwendet, um Aufforderungen, Befehle, Ratschläge oder Empfehlungen auszudrücken, z.B.:
Kommt doch mal vorbei! Warten Sie! Nimm den roten Apfel.
Verben, deren Stammvokal in der 2. Person Präsens von *e* zu *i* wechselt, weisen auch im Imperativ Singular diesen Wechsel auf, z.B.:
nehmen (du nimmst): nimm – nehmt – nehmen Sie.

1 Bilde Sätze im Imperativ und unterstreiche die Verbformen.

Deine Mutter mahnt:

früher aufstehen Steh früher auf!

nicht so lange bummeln ______

erst die Hausaufgaben erledigen ______

nicht so spät zurückkommen ______

Abendbrot essen ______

Wenn Freunde kommen, bittest du sie:

hereinkommen ______

Sachen ablegen ______

Kekse nehmen ______

Cola trinken ______

Am Obststand bittest du die Verkäuferin:

1 kg Birnen geben ______

das Obst einpacken ______

2 In eurer Schulordnung findest du Verhaltensregeln. Formuliere drei davon als Aufforderungen und schreibe sie auf. Unterstreiche die Imperativformen.

Rennt nicht im Schulgebäude!

______

______

______

______

______

Die Modalverben

> !
> Im Deutschen gibt es sechs **Modalverben**. Sie drücken aus, wie eine Tätigkeit, ein Vorgang, ein Zustand speziell gemeint ist:
> *wollen* (Absicht): *er will fragen,*
> *sollen* (Aufforderung): *er soll fragen,*
> *dürfen* (Erlaubnis): *er darf fragen,*
> *können* (Fähigkeit/Möglichkeit): *er kann fragen,*
> *müssen* (Notwendigkeit): *er muss fragen,*
> *mögen* (Wunsch): *er möchte fragen.*

TIPP
Einige Modalverben hat der Dichter großgeschrieben, um sie besonders hervorzuheben.

1

a Unterstreiche in dem Text von Goethe die Modalverben.

Sollen, Wollen, Können – diese drei Dinge gehören in aller Kunst zusammen, damit etwas gemacht werde. Häufig findet sich im Leben nur eins von diesen dreien oder nur zwei, also
Sollen und Wollen, aber nicht können;
Sollen und Können, aber nicht wollen;
Wollen und Können, aber nicht sollen.
Das heißt, es will einer, was er soll, aber er kann's nicht machen;
Es kann einer, was er soll, aber er will's nicht;
Es will und kann einer, aber er weiß nicht, was er soll.

b Erkläre den Inhalt des Textes durch Beispiele. Schreibe in dein Heft.

2

a Setze passende Modalverben in der richtigen Form ein.

1 Schade, dass ich morgen nicht zu deiner Geburtstagsparty kommen ____________, aber ich ___________ mich um meinen kleinen Bruder kümmern.

2 Diese Aufgabe ___________ eigentlich meine Schwester übernehmen, aber sie ___________ unbedingt noch zu einer Freundin, um für einen Test zu lernen.

3 Vielleicht ____________________ ich am Wochenende zu dir kommen, dann ____________________ wir gemeinsam etwas unternehmen.

4 Ich komme aber nur, wenn du es wirklich ______________________.

5 ____________________ meine Eltern deine Eltern anrufen und um Erlaubnis fragen oder ____________________ du das selbst tun?

b Verändere die inhaltliche Aussage der Sätze 1 und 2, indem du andere Modalverben einsetzt. Notiere mögliche Modalverben.

Satz 1: ______________________________

Satz 2: ______________________________

____

Adverbien

! **Adverbien** sind unveränderbare Wörter, die angeben, wann, wo, wie oder warum etwas geschieht, z. B.: *gestern, dort, hier, gern, deshalb.* Im Satz treten sie als Adverbialbestimmung oder Attribut auf.

1

a Gestalte folgende Sätze konkret, anschaulich und interessant, indem du passende Adverbien aus der Wortliste einsetzt.

WORTLISTE
total – gestern – lange – jetzt – deshalb – hier – leider

1 ________________ wütete ein heftiges Unwetter über der Region.

____

2 ________ sieht ________ alles ____________ verwüstet aus.

____

3 Es sind ________________ viele Bäume umgestürzt.

____

4 ____________ waren Feuerwehr und Hilfskräfte ________________ im Einsatz.

____

b Schreibe unter die eingesetzten Adverbien, was sie angeben (Zeit, Ort, Grund, Art und Weise).

2 Gestalte folgenden Text mithilfe der Adverbien aus der Wortliste konkreter, anschaulicher und interessanter. Probiere verschiedene Varianten aus. Achte auch darauf, dass die Adverbien sinnvoll zur Satzverknüpfung beitragen.

WORTLISTE
gern – manchmal – oft – immer – sehr – stets – darum

Taivi war meine beste Freundin. Wir trafen uns im Sommer am See. Wir saßen am Ufer und beobachteten den Sonnenaufgang. Wir schwammen um die Wette und erzählten von unseren Träumen. Doch die Ferien gingen viel zu schnell vorbei. Wir verabredeten zu telefonieren und tauschten unsere E-Mail-Adressen aus. So blieben wir in Kontakt und lernten uns gut kennen.

____

____

____

____

____

____

Satzbau und Zeichensetzung

Der einfache Satz

!

Der **einfache Satz** besteht mindestens aus einem Subjekt und einem Prädikat.
Oft kommen noch weitere Satzglieder hinzu, die man mithilfe der Umstellprobe ermitteln kann, z. B.:
Viele Autoren | kommen | zur Buchmesse. Zur Buchmesse | kommen | viele Autoren.
Die finite Verbform steht in vielen einfachen Sätzen an erster oder zweiter Stelle, z. B.:
Viele Autoren kommen zur Buchmesse. Sie stellen ihre neuesten Werke vor. Warst du schon einmal dort?

1

a Lies den folgenden Text.

Die Leipziger Buchmesse lockt jährlich im März zahlreiche Besucher nach Sachsen. Ihre Geschichte beginnt im 17. Jahrhundert. Leipzig entwickelte sich besonders im 18. Jahrhundert zum Zentrum des modernen deutschen Buchhandels. Die Frankfurter Buchmesse überflügelte erst nach 1945 die Leipziger Buchmesse. Die wichtigsten Buchhändler und Verleger trafen sich aber auch danach in Leipzig. Die Messe nimmt heute unter den deutschen Buchmessen den zweiten Platz ein.

b Untersuche, um was für Sätze es sich handelt.

___

c Ermittle die Satzglieder mithilfe der Umstellprobe und trenne sie durch einen senkrechten Strich.

d Bestimme die Satzglieder. Schreibe über die jeweiligen Satzglieder **S** für Subjekt, **P** für Prädikat, **DO** für Dativobjekt, **AO** für Akkusativobjekt, **PO** für Präpositionalobjekt oder **A** für Adverbialbestimmung.

e Untersuche die Anordnung der Satzglieder. Was stellst du fest?

___

f Stelle die Satzglieder so um, dass die Sätze besser verknüpft sind und sich der Text flüssiger lesen lässt. Schreibe in dein Heft.

g Unterstreiche die Satzglieder, mit denen du die Sätze begonnen hast, und bestimme sie.

●●● h Überarbeite den Text erneut mithilfe weiterer sprachlicher Mittel der Satzverknüpfung.

Nachgestellte Erläuterungen

!

Mit **nachgestellten Erläuterungen** werden Beziehungswörter (meist Nomen) näher erklärt. Nachgestellte Erläuterungen werden durch **Kommas** abgegrenzt. Es gibt:

- nachgestellte Erläuterungen im gleichen Fall wie das Beziehungswort (Appositionen), z. B.: *Meine Freundin, ein sehr hübsches Mädchen, will einmal Model werden.*
- nachgestellte Erläuterungen, die durch besondere Wörter eingeleitet werden, wie *und zwar, unter anderem (u. a.), zum Beispiel (z. B.), besonders, nämlich, vor allem (v. a.), das heißt (d. h.)*, z. B.: *Sie wird von vielen unterstützt, besonders von ihren Eltern.*
- Datumsangaben, die zu einem Wochentag gestellt werden, z. B.: *Ihren ersten Fototermin hatte sie am Freitag, dem 14. Oktober.*

1 Unterstreiche die Appositionen und die jeweiligen Bezugswörter. Schreibe in die Klammern, in welchem Fall Bezugswort und Apposition stehen.

1 Es geht um ein Gespräch mit Herrn Maier, unserem Schulleiter. (______________)

2 Jana, eine gute Schulfreundin, ist heute eine bekannte Autorin. (______________)

3 Der Computer gehört uns allen, meinen Eltern und mir. (______________)

2 Füge die in Klammern stehenden Wortgruppen als Apposition ein. Achte auf den Fall des Bezugsworts und die Kommasetzung.

1 Das Kloster Paulinzella erstrahlt in neuem Glanz. (vor Kurzem noch eine Ruine)

____

____

Paulinzella

2 Für alle Erfurt-Touristen ist ein Bummel auf der Krämerbrücke ein Muss. (die einzige bebaute Brücke in Deutschland)

____

____

____

3 Ergänze den Terminplan. Verwende die Datumsangaben als Apposition.

1 am Montag ______________ Oma anrufen

2 für Dienstag ______________ Arzttermin einplanen

3 von Mittwoch ______________ bis Freitag ______________ Küchendienst

WORTLISTE
zum Beispiel –
das heißt –
besonders

4 Ergänze die Sätze durch nachgestellte Erläuterungen. Verwende die Einleitewörter aus der Wortliste und setze die Kommas. Schreibe in dein Heft.

1 Ich habe viele Hobbys. **2** Meine Freizeit ist knapp bemessen.
3 Ich erfülle möglichst alle Aufgaben.

Infinitiv- und Partizipgruppen

!

Infinitivgruppen (erweiterte Infinitive mit *zu*) müssen meist durch ein Komma abgegrenzt werden. Ist ein Infinitiv nicht erweitert, **kann** man ein Komma setzen, um die Gliederung des Satzes zu verdeutlichen, z. B.:
Tinas Freundin verspricht(,) zu kommen.
Tina verspricht nochmals, ganz bestimmt pünktlich zu kommen.
In folgenden Fällen **muss** man ein **Komma** setzen:

- wenn die Infinitivgruppe mit *um, ohne, (an)statt, außer* oder *als* eingeleitet wird, z. B.: *Sie antwortete, ohne nachzudenken.*
- wenn sich die Infinitivgruppe auf ein Nomen/Substantiv bezieht, z. B.: *Jenny hat die Aufgabe, einen Vortrag zu halten.*
- wenn sich die Infinitivgruppe auf ein hinweisendes Wort, wie *daran, darum, damit* oder *es*, bezieht, z. B.: *Er hatte nicht daran gedacht, seinen Text zu lernen.*

Man kann Fehler vermeiden, indem man beim Infinitiv mit *zu* immer ein Komma setzt.

1

a Markiere in den Sätzen die Infinitivgruppen. Unterstreiche den Infinitiv mit *zu* zweimal und die jeweiligen Erweiterungen einmal.

1 Katharina freut sich, endlich zu Hause zu sein.
2 Besonders freut sie sich darauf, die neue CD hören zu können.
3 Sie hört gern Musik, um sich von einem langen Schultag zu erholen.
4 Um zu lüften, öffnet sie zuerst das Fenster.
5 Das tut sie, ohne sich darum zu kümmern, wo sich ihr Wellensittich gerade aufhält.
6 Plötzlich fällt es ihr ein, nach ihm zu schauen.

TIPP
Lies noch einmal im Merkkasten nach.

b In einigen Sätzen muss unbedingt ein Komma gesetzt werden. Kreise die Wörter ein, die auf die Kommasetzung hinweisen.

●●● c Untersuche, in welchen Sätzen man das Komma weglassen kann. Begründe deine Meinung.

2

Achtung, Fehler!

a Setze die fehlenden Kommas.

1 Anstatt das Fenster zu schließen jagt sie ihrem Liebling hinterher.
2 Dieser nutzt jedoch die Gelegenheit in die Freiheit zu fliegen.
3 Gerade jetzt blickt ihr Nachbar aus dem Fenster um nach dem Wetter zu schauen.
4 Ohne zu zögern läuft er los und rettet den erschrockenen Vogel aus einem Busch.
5 Katharina kümmert sich sofort darum das Tier in Sicherheit zu bringen.

b Unterstreiche die Infinitivgruppen und kreise die Wörter ein, die auf die Kommasetzung hinweisen.

3

a Wandle die Sätze 1–4 so um, dass jeweils der Nebensatz in eine Infinitivgruppe umformuliert wird, und schreibe den ganzen Satz auf.

Sibylle und Ewald bekommen ihre Zeugnisse.

1 Ewalds Englisch-Leistungen gestatteten es nicht, dass er eine bessere Note als eine Drei erhielt.

____

____

2 Sibylle hatte nicht verhindern können, dass sie in Zeichnen eine Zwei bekam.

____

____

3 Papa war eigentlich dagegen, dass man für gute Zeugnisse Geld bezahlt.

____

____

4 Aber Ewald und Sibylle freuten sich trotzdem, dass sie für ihre Einsen und Zweien eine finanzielle Belohnung bekamen.

____

____

b Prüfe, ob du in deinen Sätzen das Komma richtig gesetzt hast.

4 Unterstreiche in folgenden Sätzen die Infinitivgruppen. Setze die Kommas.

Achtung, Fehler!

1 Am Sonntag fuhr die ganze Familie zum Flughafen um Tom abzuholen.
2 Die Eltern hatten ausgemacht den Start zum Flughafen für zwölf Uhr anzusetzen.
3 Wir rechneten damit Tom um 15:10 Uhr in Empfang zu nehmen.
4 Wir hatten die Absicht pünktlich zu sein.
5 Es war geplant Peter zum Flughafen mitzunehmen.
6 Wir mussten aber eine Weile auf Peter warten anstatt zügig loszufahren.
7 Nun würde der arme englische Tom wohl am Flughafen stehen ohne seine Gastfamilie zu finden.

5 Setze Kommas und überlege, wie sich der Sinn der Sätze ändert, wenn du die Kommas anders setzt.

Achtung, Fehler!

1 Ewald versprach Tom zu schreiben.
2 Ewald versicherte seinem Vater einen Brief geschrieben zu haben.
3 Sie beschlossen bereits heute Morgen vor dem Frühstück zum Flughafen zu fahren.
4 Peter riet uns zu folgen.
5 Wir empfahlen ihm ein Stück Kuchen abzugeben.

!

Partizipgruppen sind Konstruktionen, in deren Kern ein Partizip enthalten ist, z. B.:

Als sie zu Hause angekommen war, packte sie ihre Sachen aus.	*Zu Hause angekommen(,) packte sie ihre Sachen aus.*
Nebensatz	Partizipgruppe

Vorangestellte und eingeschlossene Partizipgruppen **können** durch Komma abgetrennt werden.
Wird die Partizipgruppe nachgestellt, **muss** sie durch **Komma** abgetrennt werden.
Man kann Fehler vermeiden, indem man bei Partizipgruppen immer ein Komma setzt.

TIPP
Wiederhole zuerst, woran man die Partizipien I und II erkennt.

6 Unterstreiche in den Sätzen die Partizipgruppen und markiere Partizip I und Partizip II verschiedenfarbig.

1 Über einer schwierigen Aufgabe grübelnd, schaute Paul immer einmal hinunter auf die Straße. **2** Eine Gestalt, fast ganz in eine dunkle Jacke eingehüllt, huschte, sich mehrmals umdrehend, durch die Nacht. **3** Der Junge machte sich wieder an seine Arbeit, intensiv über das Geschehene nachdenkend. **4** Paul blickte immer wieder aus dem Fenster, noch immer verwirrt vom Anblick der seltsamen Person.

7 Bilde Sätze mit einer Partizipgruppe. Verwende das unterstrichene Verb als Partizip.

1 heimkommen – das Mittagessen verschlingen **2** stören – Tür schließen
3 üben – sehr müde werden **4** ankommen – sofort an den Strand laufen
5 genießen – durch die Straßen bummeln

1. Aus der Schule heimgekommen, verschlingt Jan

●●● **8** Überlege, welche der folgenden Sätze du umformulieren würdest, um einen abwechslungsreichen, zusammenhängenden Text zu gestalten. Erprobe verschiedene Varianten in deinem Heft.

TIPP
Formuliere einige der vielen Partizipgruppen um.

Das Ende des Regens nicht abwartend, wurde Elif nass bis auf die Haut. Vor Nässe triefend, kam sie bei ihrer Freundin an. Kaum aus den nassen Sachen befreit, machte sie sich mit ihr an die Arbeit. Sie probten unermüdlich, nur durch kurze Pausen unterbrochen. Ihre Rollen perfekt beherrschend, verabschiedeten sie sich erst am späten Abend. Die dunkle Straße betretend, bemerkte Elif, dass es immer noch regnete.

Der zusammengesetzte Satz

Zweigliedrige Sätze

!

Zweigliedrige Sätze (aus zwei Teilsätzen) können in folgenden Formen auftreten:

- **Satzreihe (Satzverbindung):** Zwei Hauptsätze werden aneinandergereiht
  - unverbunden: Dazwischen steht **immer** ein **Komma**, z. B.: *Jay Asher ist ein bekannter Jugendbuchautor, er lebt in den USA.*
  - verbunden durch die Konjunktionen *und* oder *oder*: Die Kommasetzung ist freigestellt, z. B.: *Als Kind spielte Jay Asher am liebsten Gitarre(,) oder er schrieb kleine Geschichten.*
  - verbunden durch die Konjunktionen *aber, denn* oder *(je)doch*: Hier **muss** ein **Komma** gesetzt werden, z. B.: *Noch vor wenigen Jahren war Jay Asher ein unbekannter Autor, aber seit der Veröffentlichung von »Tote Mädchen lügen nicht« ist er weltweit bekannt. Er bekam viel Unterstützung, denn seine Eltern förderten sein Talent.*
- **Satzgefüge:** Haupt- und Nebensatz, dazwischen steht **immer** ein **Komma**, z. B.: *Jay wollte Grundschullehrer werden, weil er Kinder liebt. Seine Frau, die für ihn eine Beraterin bei der Themensuche ist, kennt er schon aus der Studienzeit.*

TIPP
Achte auf die Subjekte und die finiten Verbformen.

Jay Asher

Achtung, Fehler!

1 Handelt es sich bei den folgenden Sätzen um einfache Sätze, Satzreihen oder um Satzgefüge? Schreibe die Satzform in die Klammer und begründe deine Entscheidung.

1 Jay Asher wurde am 30. September 1975 in Kalifornien geboren, wo er eine glückliche Kindheit verlebte.

(Satzgefüge, weil: HS + NS)

2 Er wuchs in einer Familie auf, die ihn zum Schreiben ermutigte.

( )

3 Er besuchte zunächst die San Luis High School(,) und hier schrieb er auch seine ersten beiden Kinderbücher.

( )

4 Nach der High School wollte er eigentlich Grundschullehrer werden, aber er entschied sich bald anders.

( )

5 Er wollte lieber seine schriftstellerische Begabung weiterentwickeln.

( )

6 Während seines Studiums arbeitete er in mehreren Berufen, so verkaufte er Schuhe und half in einer Bibliothek aus.

( )

7 Jay Asher ist verheiratet und hat zwei Kinder.

( )

2

a Ermittle alle Teilsätze. Unterstreiche dazu die Subjekte einmal und die dazugehörigen finiten Verbformen doppelt. Markiere in den Nebensätzen zusätzlich das Einleitewort.

Achtung, Fehler!

1 »Tote Mädchen lügen nicht« ist das Erstlingswerk von Jay Asher, zu dem er während einer Audioführung in einem Museum inspiriert wurde.

Komma muss gesetzt werden, da Satzgefüge (HS + NS, Relativsatz)

2 Jay Asher war von Anfang an von der Aktualität des Themas überzeugt aber er hatte nicht im Traum mit dem sensationellen Erfolg seines Buches gerechnet.

3 In dem Buch »Tote Mädchen lügen nicht« geht es um das Mädchen Hannah das keiner an ihrer Schule besonders leiden konnte.

4 In einem Päckchen das Clay eines Tages erhält befinden sich dreizehn Kassetten.

5 Die Kassetten sind nummeriert sonst sind sie jedoch unbeschriftet.

6 Er legt die erste in seinen alten Kassettenrekorder, drückt auf »Play« und sofort erkennt er die Stimme seiner ehemaligen Mitschülerin Hannah Baker.

7 Es ist die Hannah die sich vor zwei Wochen umgebracht hatte.

8 Die Kassetten hatte Hannah vor ihrem Tod bespielt und an 13 Personen geschickt die in irgendeiner Weise Anteil an ihrem Selbstmord hatten.

9 Mit Hannahs Stimme im Ohr und wirren Gedanken im Kopf wandert Clay durch die Nacht denn er hat unglaubliche Dinge gehört.

10 Erstmals wird ihm die verhängnisvolle Kette von Ereignissen bewusst die Hannah am Ende überrollten.

b Setze die fehlenden Kommas und begründe deine Entscheidungen.

c Untersuche die Satzgefüge genauer. Bestimme die Art der Nebensätze nach dem Einleitewort und schreibe sie auf.

Mehrfach zusammengesetzte Sätze

!

Sind drei oder mehr Haupt- und Nebensätze miteinander verbunden, spricht man von **mehrfach zusammengesetzten Sätzen**. Die Teilsätze werden in der Regel durch **Kommas** voneinander getrennt, z. B.:
Weil ich noch nicht weiß, wie lange ich heute unterwegs sein werde, kann ich dir auch nicht sagen, wann ich bei dir vorbeikommen kann.

1 Stelle fest, welche Strukturen die Sätze aufweisen.

a Unterstreiche die Subjekte einmal und die dazugehörigen finiten Verbformen doppelt. Zeichne unter jeden Satz das Satzbild.

1 Hannah lässt durch Clay Jensen, der als Erster die Kassetten erhält, das Paket an 12 weitere Personen, die ihrer Meinung nach ihren Tod hätten verhindern können, verschicken.

HS 1, NS 1, HS 1, NS 2, HS 1.

2 Da ist auch Justin Foley, dem Hannah ihren ersten Kuss gab, der aber behauptete, dass es nicht bei dem Kuss geblieben sei.

____

3 Alex Standal erstellte eine Liste, in der er feststellte, dass Hannah den heißesten Hintern der ganzen Schule habe.

____

4 Diese Liste, die an der ganzen Schule herumgereicht wird, bewertet auch Jessica Davis, die mit Hannah befreundet war, aber als schlecht aussehend eingestuft wird.

____

b Überlege, welche Sätze man besser auflösen sollte, um sie verständlicher zu gestalten. Schreibe deine Vorschläge ins Heft.

2 Setze die fehlenden Kommas in den mehrfach zusammengesetzten Sätzen.

Achtung, Fehler!

1 Hannah denkt Courtney Crimsen sei ein Freund bekommt aber heraus dass er ebenfalls Gerüchte über sie verbreitet.
2 Marcus Cooley hat am Valentinstag ein Date mit ihr meint es jedoch mit der Freundschaft nicht ernst sondern will körperlichen Kontakt zu ihr.
3 Jeder Schüler an der Schule besitzt eine Tüte in die Mitschüler anonym Zettel mit Komplimenten stecken können die aber von Zach Dempes aus Hannahs Besitz gestohlen wird.
4 Hannah vertraut Rayen Shaver an dass sie Gedichte schreibt die beide später gemeinsam lesen und besprechen die dann aber von ihm in der Schülerzeitung veröffentlicht werden woraufhin sich die anderen über Hannah lustig machen.

●●● **3**

a Füge die einfachen Sätze zu mehrfach zusammengesetzten Sätzen zusammen. Beachte dabei, dass jeder neu gebildete Satz aus mindestens drei Teilsätzen bestehen soll.

1 Hannah und Justin Foley halten sich während einer Party in der Garderobe auf. Sie beobachten eine Tätlichkeit an einer Freundin. Sie hätten die Tat verhindern können. Sie greifen nicht ein. Hannah und Justin fühlen sich schuldig.

2 Jenny Kurtz bringt Hannah nach der Party mit dem Auto nach Hause. Sie fährt gegen ein Stoppschild. Das Schild fällt um. Es ist die Ursache für einen tödlichen Unfall eines anderen Schülers in dieser Nacht.

3 Bruce Walker macht sich an alle Mädchen der Schule heran. Er belästigt auch Hannah. Sie denkt zum ersten Mal über Selbstmord nach.

4 Mr. Potter ist der einzige Erwachsene auf der Liste. Hannah vertraut ihm ihre Pläne an. Sie hofft auf Hilfe von ihm. Es geschieht aber nichts.

b Überlege, welche anderen, eventuell leichter verständlichen Formulierungsmöglichkeiten es gibt. Schreibe zu zwei Sätzen verschiedene Varianten in dein Heft.

Wortbildung

!

Für die **Wortbildung** haben sich im Deutschen zwei Formen bewährt:

- die **Ableitung** mithilfe von Präfixen und Suffixen,
- die **Zusammensetzung** (Bestimmungswort + Grundwort).

Grund- und Bestimmungswort können selbst eine Zusammensetzung oder eine Ableitung sein, z. B.:
Reiserücktritt|s|versicherung: Reise + rück + tritt + s + ver + sicher + ung.
Mithilfe der **Zerlegeprobe** lassen sich Wörter in ihre Bauteile zerlegen.

1 Ordne die unterstrichenen Wörter in die Tabelle ein.

Wenn du <u>ehrlich</u> bist, musst du <u>zustimmen</u>, dass der <u>Schulalltag</u> manchmal ganz schön <u>stressig</u> ist. Gerade kurz vor den <u>Zeugnissen</u> jagt eine <u>Leistungskontrolle</u> die nächste <u>Klassenarbeit</u>. Und an den <u>Wochenenden</u> kommst du kaum zum <u>Entspannen</u>, weil für Montag schon wieder eine <u>Leistungsüberprüfung</u> <u>angesagt</u> ist. Aber es gibt auch Tage, auf die du <u>freudig</u> und <u>ungeduldig</u> wartest: <u>Wandertage</u>, <u>Schullandheimaufenthalte</u>, ... Die <u>Vorfreude</u> darauf ist riesig, aber oftmals steht davor die Frage: Wohin soll denn die Reise gehen?

Ableitungen	Zusammensetzungen

2 Schreibe die Nomen richtig mit ihren Artikeln auf. Unterstreiche die Suffixe.

Beschaffenkeit – Reichheit – Umgebtum – Klarkeit – Lösbarung – Freitum

Achtung, Fehler!

3 Kenntnisse der Wortbildung können dabei helfen, Rechtschreibfehler zu vermeiden.

a Mia schreibt ihrer Freundin Lara eine Mail. Schreibe die Wörter, die vom Rechtschreibprogramm als fehlerhaft markiert wurden, richtig auf und kennzeichne die Wortbestandteile.

Achtung, Fehler!

An: lara14@mailbox.de

Betreff: Klassenfahrt

Liebe Lara,
heute haben wir uns in der Klasse gestritten, weil nicht alle zur Klassenfahrt ins Schulandheim nach Kleinschmalkalden fahren wollen. Eigentlich können wir uns überhaupt nicht auf ein Ziel einigen, das für alle anehmbar ist. Wenn wir uns nicht beilen, sind wohl bald alle schönen Ausflugsziele für Klassenfahrten in Thüringen belegt.
Ich hoffe, du kannst mir einen Rat geben, wie wir doch noch unser Ziel ereichen!!!
Viele Grüße
Mia

b Erkläre, wie die Fehler in Mias Text entstanden sind.

4 Lara hat Mia von der letzten Klassenfahrt eine Karte geschrieben.

TIPP
Manche zusammengesetzten Adjektive enthalten Ableitungen.

a Ersetze die unterstrichenen Angaben durch zusammengesetzte und abgeleitete Adjektive. Schreibe sie auf und verdeutliche die Wortbestandteile durch Bindestriche.

Insel Rügen, Ostsee

Liebe Mia,
wir sind nach der Fahrt, <u>die drei Stunden gedauert hat</u>, gut an der Ostsee angekommen. <u>Im Laufe jedes Jahres</u> kommen tausende Urlauber hierher, um sich zu erholen. Morgen unternehmen wir eine Strandwanderung, <u>die mehrere Stunden lang dauern soll</u>. Am Dienstag machen wir eine Bootsfahrt, die <u>bestimmt ein Abenteuer wird</u>. Diese Fahrten werden mehrmals <u>jeden Tag</u> angeboten.
Ich hoffe, du hast dein Reittraining, <u>das du jede Woche hast</u>, gut überstanden!
Bis bald!
Lara

nach der drei-stünd-ig-en Fahrt,

b Stelle fest, was sich im Text durch die Verwendung der Adjektive ändert.

____

____

5

a Verbinde je zwei Wörter zu zusammengesetzten Adjektiven. Schreibe sie auf.

Stock	empfindlich	stocksauer
Brand	sauer	______
über	interessant	______
Grund	aktuell	______
hoch	ehrlich	______
hyper	unglücklich	______
Tod	aktiv	______

b Bilde mit drei zusammengesetzten Adjektiven aus Aufgabe a kurze Sätze. Formuliere in einem Satz, wie die Bedeutung der Adjektive durch das Bestimmungswort verändert wird.

____

____

____

____

TIPP
Manchmal ändert sich auch der Wortstamm.

6 Bilde durch die Verwendung von passenden Präfixen oder Suffixen Ableitungen, die den in Klammern stehenden Wortarten angehören.

1 Kind (Adjektiv, Nomen): ______________________

2 Trauer (Adjektiv, Verb): ______________________

3 verstehen (Adjektiv, Nomen): ______________________

4 alt (Nomen, Verb): ______________________

5 fragen (Nomen, Adjektiv): ______________________

TIPP
Beachte, dass stammverwandte Wörter immer gleich oder ähnlich geschrieben werden.

7 Bilde so viele Ableitungen und Zusammensetzungen mit dem Wortstamm *-weis-* wie möglich und schreibe sie in dein Heft. Achte darauf, dass du Nomen, Verben und Adjektive bildest. Schreibe die Wortart in Klammern hinter die Ableitung.

Wortbedeutung

Synonyme

!

Synonyme sind zwei oder mehr Wörter mit verschiedener Form (Aussprache, Schreibung), die eine ähnliche (selten gleiche) Bedeutung haben. Sie bezeichnen denselben Gegenstand, dieselbe Handlung oder Eigenschaft, heben dabei aber oft unterschiedliche Merkmale hervor, z. B.: *sagen – mitteilen – sprechen – reden – sich unterhalten.*
Mit Synonymen, die man zu einem **Wortfeld** zusammenfassen kann, lassen sich Erscheinungen so genau wie möglich benennen und Wortwiederholungen im Text vermeiden.

1

a Verwende die folgenden Synonyme in je einem Satz.

1 Geschenk **2** Mitbringsel **3** Aufmerksamkeit **4** Gabe **5** Schenkung

b Probiere aus, ob du in deinen Sätzen die Synonyme austauschen kannst. Was stellst du fest?

Feststellung:

TIPP
Schlage in einem Synonymwörterbuch nach.

2 Ersetze in den Sätzen die unterstrichenen Wörter durch ein Synonym. Schreibe die Sätze auf und überprüfe, welcher Bedeutungsunterschied entstanden ist.

1 Du musst noch viel üben, damit du in unser Team aufgenommen wirst.

2 Dein Lachen ist ansteckend.

3 Unsere Gruppe arbeitet wirklich gut zusammen.

4 Willst du durch deinen Eigensinn unsere Freundschaft zerstören?

3

a Lies folgenden Text und unterstreiche die Wortwiederholungen, die du vermeiden würdest.

Vor mehr als 4000 Jahren bauten die Ägypter Pyramiden und andere prächtige Grabstätten, die oft tief unter der Erde verborgen waren. Archäologen können solche verborgenen Grabstätten oft nur durch komplizierte Ausgrabungen entdecken. Manchmal wurden die Grabstätten sogar nur durch Zufall entdeckt. Wenn die Archäologen etwas Interessantes entdecken, gehen sie der Spur meist geduldig nach. Manchmal vergehen bei der komplizierten Suche Monate oder Jahre, bis sie einen wirklichen Schatz entdecken können. Manchmal werden solche archäologischen Entdeckungen später in Museen gezeigt. Sogar ganze Anlagen baut man manchmal nach, damit die Besucher sich ein realistisches Bild machen können.

TIPP
Schlage in einem Synonymwörterbuch nach.

b Überarbeite den Text mithilfe geeigneter Synonyme. Achte auch darauf, dass deine Wortwahl zur genaueren oder anschaulicheren Darstellung beiträgt.

Antonyme

! Zu bestimmten Wörtern gibt es Wörter mit gegensätzlicher Bedeutung. Solche Gegensatzwörter heißen **Antonyme**. Sie haben teils gemeinsame, vor allem aber gegensätzliche Bedeutungsmerkmale, z.B.:
redselig (reden, gerne reden) – *schweigsam* (reden, ungerne reden).

1 Verbinde die Antonyme mit einer Linie.

einstellen	ablehnen
Mehrheit	beschleunigen
abbremsen	Minderheit
zustimmen	entlassen

2 Schreibe Antonyme zu den folgenden Wörtern auf.

Liebe – Krieg – aktiv – sorgsam – ausgeben – mild – einsteigen – glänzend

Liebe – Hass, __________

____

____

3

a Ersetze die unterstrichenen Wörter in Tinas Reisetagebuch durch Antonyme. Schreibe sie in die Klammern.

1 Gestern <u>Morgen</u> (__________) sind wir endlich angekommen.

2 Der Flug war <u>furchtbar</u> (__________).

3 Die Sitze waren <u>eng</u> (__________) und die Füße hatten <u>wenig</u> (__________) Platz.

4 Ich saß vier Stunden total <u>unbequem</u> (__________).

5 Der Service war wirklich <u>mies</u> (__________).

6 Meine Mutter <u>klagte</u> (__________) über <u>eiskalten</u> (__________) Kaffee, ich bekam <u>warme</u> (__________) Cola.

7 Wenn der Urlaub so beginnt, kann er ja nur <u>stressig</u> (__________) und <u>langweilig</u> (__________) werden.

b Lies den neuen Text. Welchen Effekt hast du erzielt? Beschreibe ihn.

____

____

Homonyme

! Wörter, die gleich (bzw. fast gleich) geschrieben und ausgesprochen werden, aber eine unterschiedliche Bedeutung haben, heißen **Homonyme** (gleichnamige Wörter), z. B.: *Skorpion* (Tier) – *Skorpion* (Sternzeichen).
Als Homonyme werden auch (fast) gleich geschriebene bzw. gesprochene Wörter verstanden, die zu verschiedenen Wortarten gehören, z. B.: *(das) Reich – reich (sein)*.

1 Welches Homonympaar steckt in diesem Kinderwitz? Erkläre die unterschiedliche Bedeutung.

Ein Häschen kommt in eine Bäckerei und fragt den Bäcker: »Hast du Bienenstich?« Der Bäcker antwortet: »Natürlich habe ich Bienenstich.« Das Häschen bedauert ihn und sagt: »Dann musst du Salbe daraufgeben.«

____

____

____

2 Suche zu den folgenden Wörtern je ein Homonym.

a Schreibe die Paare auf und erkläre die Bedeutung.

1 Steuer (Lenkvorrichtung) – Steuer (Abgabe an den Staat)

2 Kiefer (Nadelbaum) – ______________________________

3 Tau (Niederschlag) – ______________________________

4 Boxer (Sportler) – ______________________________

b Suche Homonyme in anderen Wortarten zu den folgenden Wörtern.

1 Arm (Körperteil) – ______________________________

2 Feige (Frucht) – ______________________________

3 reifen (wachsen und essbar werden) – ______________________________

3

a Um welche Homonyme handelt es sich bei diesem Teekesselchen?

A »Mein Teekesselchen ist eine Verwandte.« ______________________________

B »Mein Teekesselchen arbeitet im Krankenhaus.« ______________________________

b Schreibe selbst ein Teekesselchen mit zwei Homonymen.

____

____

Metaphern und Personifizierungen

!

Eine **Metapher** ist ein Wort oder ein Ausdruck mit einer übertragenen, bildhaften Bedeutung. Sie entsteht durch Übertragung eines Worts mit seiner ursprünglichen Bedeutung auf einen anderen Sachbereich. Grundlage dafür ist ein gemeinsames Merkmal der Ähnlichkeit in beiden Bedeutungen, z. B.:
die Krone des Königs – die Baumkrone.
Wenn Verhaltensweisen und Eigenschaften, die typisch für Menschen sind, auf unbelebte Gegenstände und Erscheinungen übertragen werden, liegt eine **Personifizierung** vor. Auch die Personifizierung ist eine bildhafte Ausdrucksweise, z. B.:
Die Sonne lacht. Der Tag verabschiedet sich.

1

a Ordne die folgenden Wortgruppen richtig in die Tabelle ein.

eine lange Straße – eine offene Tür – eine lange Leitung haben – ein trübes Glas – die Ohren offen halten – voller trüber Gedanken sein

ursprüngliche Bedeutung	übertragene, bildhafte Bedeutung
eine lange Straße	

b Erkläre jeweils in einem Satz, was mit der übertragenen Bedeutung gemeint ist bzw. ausgedrückt werden soll.

______

______

______

2 Ordne die Metaphern den richtigen Bedeutungen zu.

Schlange – Nussschale – feilen – Wüstenschiff – eine Mauer des Schweigens

1 Reihe von wartenden Personen – Schlange

2 an etwas lange und gründlich arbeiten – ______

3 ein kleines Boot – ______

4 Kamel – ______

5 ablehnendes Schweigen – ______

3 Erkläre die folgenden Personifizierungen. Was ist jeweils gemeint?

1 Die Vergangenheit hat mich eingeholt. ______________________

____

2 Das Fenster schwitzt. ______________________

____

3 Der Computer ist abgestürzt. ______________________

____

4

a Das Gedicht von Peter Hacks enthält einige Personifizierungen. Unterstreiche sie.

Der Herbst steht auf der Leiter

Der Herbst steht auf der Leiter
Und malt die Blätter an,
Ein lustiger Waldarbeiter,
Ein froher Malersmann.

Er kleckst und pinselt fleißig
Auf jedes Blattgewächs,
Und kommt ein frecher Zeisig,
Schwupp, kriegt der auch 'nen Klecks.

Die Tanne spricht zum Herbste:
Das ist ja fürchterlich,
Die andern Bäume färbste,
Was färbste nicht mal mich?

Die Blätter flattern munter
Und finden sich so schön.
Sie werden immer bunter.
Am Ende fall'n sie runter.

b Das Gedicht enthält auch einige Metaphern. Umkreise sie.

●●● **5** Erinnere dich daran, wie du im letzten Winter den ersten Schnee erlebt hast. Schildere den Tag und den Schneefall möglichst anschaulich mithilfe von Metaphern und Personifizierungen. Schreibe in dein Heft.

grauer Tag? graues Gefühl? gläserne Luft?
beißende ...? flüsternde ...? tanzende ...?

Groß- und Kleinschreibung

Nominalisierungen/Substantivierungen

! Alle Wortarten lassen sich als Nomen/Substantive verwenden. Man spricht dann von **Nominalisierungen/Substantivierungen**, die großgeschrieben werden. Man kann sie an ihren Begleitwörtern erkennen, z. B. an:

- Artikeln (*der, die, das; ein, eine*) — *das Lachen, das Für und Wider,*
- Adjektiven (*schnell, gut, ...*) — *lautes Rufen, ständiges Warum,*
- Pronomen (*mein, dieses, etwas, nichts, ...*) — *etwas Neues, deine Zwei,*
- Präpositionen (+ Artikel) (*auf, beim/bei dem*) — *beim Lesen, im Wesentlichen.*

Achtung, Fehler!

1 Schreibe die Wortgruppen in richtiger Groß- und Kleinschreibung in dein Heft.

1 etwas zum lesen mitnehmen **2** ein eigenartiges dröhnen
3 interessant erzählen **4** viel interessantes hören **5** nichts zu lachen haben
6 das giftige grün **7** das gelbe vom Ei **8** beim schreiben einschlafen
9 etwas herzhaftes essen **10** nichts neues hören **11** das beste ist gut genug
12 das spannende an der Sache **13** ein absolutes muss
14 ein paar einfache Regeln aufstellen **15** nicht im entferntesten
16 ohne wenn und aber zustimmen

2

a Entscheide, ob die Wörter in Klammern nominalisiert werden. Setze richtig ein.

1 Max ist nervös wegen der bevorstehenden Klassenarbeiten. Er ist ganz sicher nicht der ________________ in seiner Klasse, aber auch kein ________________ Schüler. (beste, schlechter)

2 Mit seinen Leistungen ist Max im ________________ und ________________ zufrieden. (großen, ganzen)

3 In Mathematik erreicht er ohne viel ________________ durchschnittlich ________________ Noten. (üben, gute)

4 Die Fächer Deutsch und Sport sind für ihn das ________________. (schwierigste)

5 Das ________________ und ________________ von ________________ Texten fällt Max relativ leicht. (lesen, verstehen, schwierigen)

6 Eher ist ________________ ________________ sein Problem. (fehlerfreies, schreiben)

7 Besondere Probleme hat er beim ________________ von großzuschreibenden Wörtern. (erkennen)

8 Im Englischen ist das kein Problem, aber bei der deutschen Rechtschreibung ist es oft zum ________________. (verzweifeln)

b Kennzeichne die Nominalisierungen und ihre Begleitwörter farbig.

Achtung, Fehler!

3 Schreibe folgenden Text ab und korrigiere ihn dabei. Konzentriere dich auf die Groß- und Kleinschreibung.

verbrechen im hof?

die zwei polizisten trafen um mitternacht am tatort, einem dunklen hinterhof, ein. in ihrer nachtschicht war bisher nicht viel los gewesen. eine ältere hausbewohnerin war durch lautes schreien und schimpfen geweckt worden und sie hatte das gehörte beim revier gemeldet. die beiden beamten schien das kriminalistische wenig zu interessieren, sie packten erst mal das mitgebrachte essen aus und aßen mit genuss auf. dann entschlossen sie sich doch noch zu einer haus- und hofdurchsuchung. das suchen hatte keinen erfolg und die herbeigerufenen wollten trotz des zeterns der frau gehen. zu sehr freuten sie sich schon auf das baldige genießen ihres feierabends.

Verbrechen im Hof?

Die Schreibung von Eigennamen

!

Eigennamen, z. B. für Personen, Orte, Länder, Veranstaltungen, Zeitungen, bestimmte Ereignisse, Epochen, Organisationen und Institutionen, werden **immer großgeschrieben**, z. B.: *Laura, Berlin, China, Deutsche Juniorenliga im Lacrosse, Mitteldeutsche Zeitung, die Vereinten Nationen.*
Adjektive, Partizipien oder Numeralien (Zahlwörter) als Teil des Eigennamens werden ebenfalls **großgeschrieben**, z. B.: *der Alte Fritz, Friedrich der Zweite, Kleiner Bär* (Sternbild), *der Deutsche Bundestag, der Nahe Osten.*

1 Was ist hier gemeint? Suche zu den Umschreibungen die passende Lösung und schreibe sie auf.

1 eine giftige Spinnenart – S_ _ _ _ _ _ _ _ _ W_ _ _ _
2 das größte Weltmeer – S_ _ _ _ _ _ _ Oz_ _ _
3 ein gemeinnütziger Verband in Deutschland – R_ _ _ _ K_ _ _ _
4 gigantisches Bauwerk in China – Ch_ _ _ _ _ _ _ _ _ _ M_ _ _ _
5 Wohnsitz des amerikanischen Präsidenten – _ _ _ ß_ _ H_ _ _

2

a Streiche in den folgenden Wortgruppen die falsche Schreibweise durch.

1 die ~~ewige~~/Ewige Stadt **2** das brandenburger/Brandenburger Tor
3 die französische/Französische Revolution **4** der große/Große Wagen
5 der schweizer/Schweizer Käse **6** das bayrische/Bayrische Bier
7 die deutsche/Deutsche Bürokratie **8** französische/Französische Spezialitäten
9 das schwarze/Schwarze Schaf **10** die goldene/Goldene Hochzeit
11 der kölner/Kölner Dom **12** der heilige/Heilige Abend

●●● **b** Wähle sechs Eigennamen aus und erkläre, was diese Eigennamen bezeichnen.

die Ewige Stadt: Rom

Getrennt- und Zusammenschreibung

Regeln der Getrennt- und Zusammenschreibung bei Verben

!

Damit man Texte besser lesen kann, schreibt man im Prinzip getrennt.
Verbindungen aus **Adjektiv**, **Verb** oder **Nomen/Substantiv + Verb** schreibt man überwiegend getrennt, z. B.: *laut sprechen, baden gehen, Auto fahren.*
Häufig entscheiden die Betonung und die Bedeutung von Wortgruppen über die Getrennt- und Zusammenschreibung:

- **Betonung** auf dem ersten Bestandteil → Zusammenschreibung, z. B.: *auseinandersetzen, hinauslehnen.*
- **Betonung** auf beiden Bestandteilen → Getrenntschreibung, z. B.: *aufeinander achten, etwas quer* (in den Weg) *stellen, laut sprechen.*
- **übertragene Bedeutung** → Zusammenschreibung, z. B.: *schwarzfahren* (ohne Fahrkarte), *festnehmen* (verhaften), *richtigstellen* (berichtigen).

Achtung: bei **übertragener Bedeutung** von Verbindungen mit *bleiben* und *lassen* sowie bei *kennen lernen* → Getrennt- oder Zusammenschreibung, z. B.:
sitzen bleiben/sitzenbleiben (nicht versetzt werden),
links liegen lassen/liegenlassen (nicht beachten).

1 Zusammen oder getrennt? Vervollständige die Sätze.

1 zusammen tragen/zusammentragen?

Bevor wir mit der Arbeit beginnen, müssen wir erst alle Informationen ________

____.

Die Verantwortung für diese Panne müssen wir ________________________

____.

2 frei sprechen/freisprechen?

Aus Mangel an Beweisen muss das Gericht ihn ________________________.

Kannst du bei deiner Präsentation ________________________?

3 stehen lassen/stehenlassen?

Nach dem Essen sollen wir das Geschirr nicht auf dem Tisch ________

____.

Nach einem heftigen Streit hat Kay seine Freundin auf der Party einfach ________

____.

4 gut schreiben/gutschreiben?

Leonie kann als Erstklässlerin schon ________________________.

Können Sie diesen Betrag bitte meinem Konto ________________________?

5 hoch stapeln/hochstapeln?

Diese Bücher können wir ruhig ________________________.

Du bist wirklich ein Angeber. Du darfst nicht immer ________________________.

WORTLISTE
schnell laufen – schwer fallen – liegen lassen – fest nehmen – baden gehen

2 Entscheide, ob die Verbindungen in direkter oder übertragener Bedeutung benutzt werden. Schreibe die Wörter aus der Wortliste in der richtigen Schreibweise in die Lücken.

1 Diese Aufgabe wird mir nicht ______________________.

2 Die Polizei wird die Diebe bald finden und ______________________.

3 Wollen wir heute ______________________?

4 Du solltest deine Freunde nicht links ______________________.

5 Um den Bus noch zu schaffen, müssen wir ______________________.

3 Folgende Wörter werden in übertragener Bedeutung gebraucht. Suche passende Umschreibungen. Nutze gegebenenfalls ein Synonymwörterbuch.

1 festhalten – notieren, aufschreiben, vermerken

2 freilassen – ______________________

3 zusammensetzen – ______________________

4 sitzenbleiben – ______________________

5 freistellen – ______________________

6 vorhersagen – ______________________

7 schwarzfahren – ______________________

TIPP
Nutze die Betonungs- und Bedeutungsprobe.

4 Trenne die Wörter mithilfe von Schrägstrichen ab.

1 Wenn/wirimgleichenBürozusammenarbeitenwollen, musstduaufdasMusikhörenverzichten.

2 Wirddirdasschwerfallen?

3 Estutmirfurchtbarleid, dasswirschonheimkehren-müssen.

4 DudarfstabernochInlinerfahren.

5 Momentanistsiekrankgeschrieben, dochimnächsten-MonatwirdsieeinneuesBuchherausgeben.

6 Wenndassoweitergeht, mussichnochkopfstehen.

7 Ichfreuemich, wennwirwiedermiteinanderschwat-zenkönnen.

8 DiePolizeikonntedenTäterdingfestmachen.

Die Schreibung von Straßennamen

!

Zusammengeschrieben werden **Straßennamen**, wenn sie folgende Bestandteile als Bestimmungswort haben:
- einteilige Personennamen, z. B.: *Goethestraße, Riebeckplatz,*
- ungebeugte Adjektive, z. B.: *Neumarkt, Rundweg,*
- Nomen/Substantive, z. B.: *Talstraße, Birkenallee.*

Getrennt geschrieben werden Straßennamen, wenn sie folgende Bestandteile enthalten:
- gebeugte Adjektive, z. B.: *Alter Steinweg, Breite Straße, Innerer Ring,*
- geografische Eigennamen auf *-er, -isch,* z. B.: *Berliner Platz, Römischer Weg,*
- eine Präposition (+ Artikel), z. B.: *Unter den Linden, Am Anger.*

Mit Bindestrich geschrieben werden Straßennamen, wenn sie folgende Bestandteile als Bestimmungswort haben:
- mehrgliedrige Personennamen, z. B.: *Albert-Einstein-Straße, Friedrich-Hölderlin-Platz.*

1 Sieh dir den Stadtplan an und trage in die Tabelle je drei Beispiele ein.

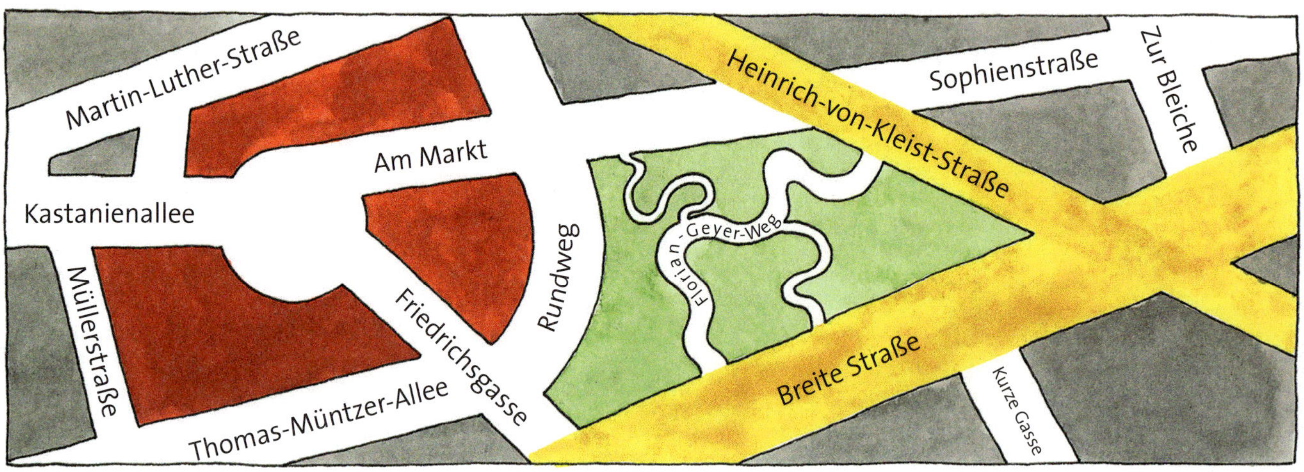

Zusammenschreibung	Getrenntschreibung	mit Bindestrich

2 Schreibe die Straßennamen in der richtigen Schreibung in dein Heft.

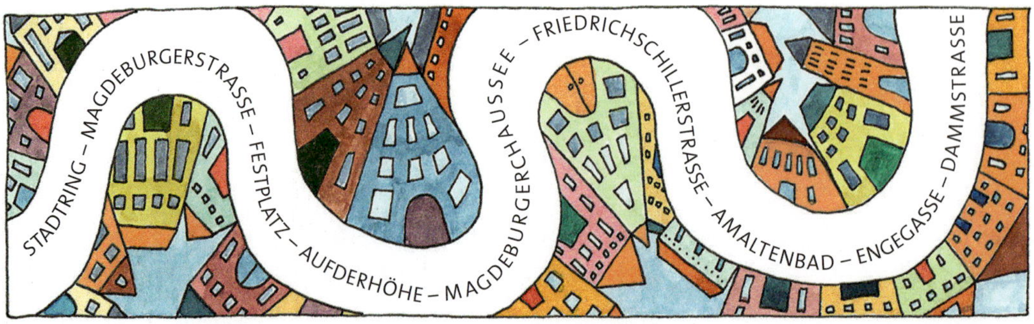

Wörter mit Bindestrich

!

Bindestriche erleichtern das Lesen und machen lange Wortzusammensetzungen übersichtlicher. Mit Bindestrich werden folgende Wörter geschrieben:
- Zusammensetzungen mit einzelnen Buchstaben, Abkürzungen, Kurzwörtern oder Ziffern, z. B.: *Pkw-Verkehr, C-Dur, 15-jährig,*
- Zusammensetzungen mit mehr als zwei Bestandteilen, z. B.: *September-Oktober-Heft, Mund-zu-Mund-Beatmung,*
- Zusammensetzungen, die zu Missverständnissen führen können, z. B.: *Druck-Erzeugnis* (*Erzeugnis einer Druckerei*) – *Drucker-Zeugnis* (*Zeugnis für einen Drucker*),
- Eigennamen mit mehrteiligen Namen, z. B.: *Wilhelm-Raabe-Preis, Goethe-Schiller-Archiv.*

Ein Bindestrich **kann** auch beim Zusammentreffen von drei gleichen Buchstaben in Zusammensetzungen genutzt werden, z. B.: *Schiff-Fahrt* (neben *Schifffahrt*), *Ballett-Tänzer* (neben *Balletttänzer*).

1 Mit oder ohne Bindestrich? Setze ihn, wenn nötig. Bei den Sätzen 7 und 8 schreibe das Wort mit Bindestrich dahinter.

Achtung, Fehler!

1 Ich muss unbedingt zum Hals Nasen Ohren Arzt gehen.

2 Zwischen den beiden Formel 1 Fahrern gab es ein Kopf an Kopf Rennen.

3 2009 erhielt Andreas Steinhöfel den Erich Kästner Preis für Literatur.

4 Deutschland muss sich mit einer 0:1 Niederlage zufriedengeben.

5 Als 5 Jährige lernte sie schwimmen.

6 Die W LAN Verbindung war den ganzen Tag gestört.

7 Nimm das Teeei aus der Tasse, er zieht schon viel zu lange. ____________

8 Nimmst du dieses Jahr wieder an der Schwimmmeisterschaft teil? ____________

____

2 Schlage in einem Wörterbuch nach und schreibe die Wortgruppen richtig auf. Begründe, warum du dich für diese Schreibung entschieden hast.

1 3-silbig oder 3silbig? 3-silbig (Zusammensetzung mit Ziffer)

2 Musik CD oder Musik-CD? ____________

____

3 Elbe-Elster-Kreis oder Elbe Elster-Kreis? ____________

____

4 100prozentig oder 100-prozentig? ____________

____

Fremdwörter

> **!** **Fremdwörter** kommen aus anderen Sprachen (engl.: *Mountainbike*), sind nicht immer einfach zu schreiben (ital.: *Pizza*), werden anders ausgesprochen als geschrieben (franz.: *Medaille*) und manchmal kennt man die genaue Bedeutung nicht (griech.: *Asteroid*).

1 Ordne das jeweilige Fremdwort der richtigen Bedeutung zu. Verbinde sie mit einer Linie.

Bestseller ————————	Verkaufsschlager
chatten	Gestaltung
auspowern	Ereignis
Design	schwatzen
Deal	plötzlicher Aufschwung
Event	Sichtfeld
Display	Handel, Geschäft
Boom	seine Kräfte aufbrauchen

2 Bilde aus den folgenden Wortbausteinen Verben auf *-ieren* und ordne sie den Umschreibungen zu.

ba plo bie ren cie die die rie ex tie ren pro ope ren ra ren ra lan ren ren no sie ren

1 den Bart entfernen – ____________________

2 etwas versuchen – ____________________

3 die Tätigkeit eines Chirurgen – ____________________

4 einen Bleistiftstrich entfernen – ____________________

5 auf einem Seil Gleichgewicht halten – ____________________

6 auseinanderplatzen – ____________________

7 sich etwas aufschreiben – ____________________

TIPP
Schlage gegebenenfalls in einem Fremdwörterbuch nach.

3 Kläre die Bedeutung der folgenden Fremdwörter und streiche die falsch verwendeten durch.

1 Einen Staatenbund bezeichnet man als Formation/Föderation.

2 Die Akustik/Optik ist die Lehre vom Schall und von den Tönen.

3 Die Drehung eines Körpers um die eigene Achse bezeichnet man als Rotation/Mutation.

4 Die Beugung des Verbs bezeichnet man als Deklination/Konjugation.

5 Unter Kondensation/Konversation versteht man den Übergang vom gasförmigen in den flüssigen Zustand.

Abkürzungen und Kurzwörter

> **TIPP**
> Nutze ein Wörterbuch oder http://www.abkuerzungen.de oder http://www.duden.de/suchen/dudenonline/

!

Abkürzungen sind in der Regel Einzelbuchstaben, Buchstabenfolgen oder Wortteile, die vorwiegend in der geschriebenen Sprache Verwendung finden, um das Schreiben schneller und platzsparender zu gestalten, z. B.: *Dr.* (Doktor), *z. B.* (zum Beispiel), *usw.* (und so weiter), *W* (Watt), *MB* (Megabyte).
Kurzwörter werden teilweise auch im mündlichen Sprachgebrauch verwendet. Sie entstehen dadurch, dass Wortteile weggelassen werden, z. B.: *Lkw* (gesprochen: el-ka-we, Lastkraftwagen), *TÜV* (gesprochen: tüf, Technischer Überwachungs-Verein), *Kripo* (Kriminalpolizei).

1 Entschlüssle folgende Eintragungen aus Leonies Kalender und schreibe die benutzten Abkürzungen und Kurzwörter in der Langform auf.

____

____

2 Du bist auf der Suche nach einem Ferienjob.

a Lies die folgenden Anzeigen und schreibe die Langform der Texte auf.

Su. f. Prosp.verteilung Rentner o. Schül./Stud.; Vergüt. n. Vereinb.

____

____

____

Su. f. Herbstfer. Schül./Stud. f. Zählg. d. Fahrgäste im ÖPNV, ca. 2 Std. tägl.

____

____

____

b Überlege, warum Annoncen so schwer zu entschlüsseln sind. Notiere die Gründe.

____

____

TIPP
Denke daran, dass die Abkürzungen für andere verständlich sein müssen.

c Überlege dir, was dein Wunschferienjob wäre. Formuliere eine Annonce. Verwende dabei Abkürzungen.

____

____

____

____

3 Ordne folgende Abkürzungen und Kurzwörter den richtigen Langformen zu. Verbinde sie mit einer Linie.

lfd. Nr.	Zweites Deutsches Fernsehen
i. V.	in Vertretung
Kat	laufende Nummer
ZDF	Wohngemeinschaft
MEZ	mitteleuropäische Zeit
IQ	Personenkraftwagen
Soko	Intelligenzquotient
EU	Europäische Union
WG	Katalysator
Pkw	Sonderkommission

●●● **4** Stelle eine Liste mit Abkürzungen für die Fächer Geschichte und Physik zusammen.

Geschichte: ____

____

____

Physik: ____

____

____

Gewusst wie: Im Wörterbuch nachschlagen

! Die **Schreibung von Wörtern** und wichtige **Rechtschreibregeln** kann man in Rechtschreibwörterbüchern nachschlagen, z. B. im Duden.

Achtung, Fehler!

1 In der folgenden Aufgabe findest du Wörter, die oft falsch geschrieben werden.

a Ordne die Wörter nach dem Alphabet und nummeriere sie.

1 Addresse – die ______

___ wiederspiegeln – ______

2 agressiv – ______

___ gröhlen – ______

___ Hobbies – ______

___ Lapalie – ______

___ Reperatur – ______

___ Looser – ______

b Schlage die Wörter aus Aufgabe a in einem Wörterbuch nach und schreibe sie richtig auf. Ergänze bei Nomen den Artikel.

c Wiederhole die Regeln zur Worttrennung am Zeilenende. Schlage dazu in einem Wörterbuch nach.

d Schreibe die Wörter aus Aufgabe a mit allen Trennungsmöglichkeiten dahinter.

e Überprüfe die Trennungsmöglichkeiten durch Nachschlagen im Wörterverzeichnis des Wörterbuchs und korrigiere deine Lösung.

______

______

2 Schlage die folgenden Wörter im Wörterbuch nach, schreibe ihre Bedeutung auf.

tolerant ______

horrend ______

Temperament ______

dito ______

verpönen ______

TIPP
Manchmal gibt es zwei Schreibweisen.

3 Schreibe die gesuchten Wörter orthografisch korrekt auf. Schlage dazu in einem Wörterbuch nach. Notiere darunter die beiden Stichwörter, die im Wörterverzeichnis vor und nach dem gesuchten stehen.

1 Musikinstrument: Xy ______________________

____

2 Ankerplatz für Schiffe: Re ______________________

____

3 Mensch, der etwas überprüft: Kontro ______________________

____

4 inneres Organ: Bli ______________________

____

5 vornehmer Mann, Herr: Ge ______________________

TIPP
Die Leitwörter stehen oben auf der Seite und helfen bei der Orientierung.

4 Trage vier Wörter in die Tabelle ein, bei deren Schreibung du dir oft unsicher bist. Schlage sie nach und notiere die Seitenleitwörter, zwischen denen du sie gefunden hast.

Suchwort	erstes Leitwort	zweites Leitwort

5 Schlage diese Fremdwörter nach. Schreibe den Artikel mit auf. Wenn du andere Schreibweisen findest, notiere sie ebenfalls.

Ketchup, der ______________________

Spaghetti, ______________________

Phantasie, ______________________

Mayonnaise, ______________________

Friseur, ______________________

Portemonnaie, ______________________

6

a Neben Hinweisen zur Rechtschreibung erhältst du im Wörterbuch weitere Informationen. Notiere drei, die du entnehmen kannst.

b In Wörterbüchern findest du auch gebräuchliche Abkürzungen und Kurzwörter. Schlage die Langformen nach und schreibe sie auf.

d. J. | n. Chr. | d. Gr. | PIN | St. | CDU | i. d. R. | i. w. S. | hrsg. | i. A.

c Suche im Regelteil deines Wörterbuchs Informationen zur Schreibung von geografischen Namen. Schreibe sie in dein Heft.

7 Im Text über Konrad Duden sind Fehler enthalten. Unterstreiche sie farbig und korrigiere sie. Wenn du unsicher bist, schlage in einem Wörterbuch nach.

Achtung, Fehler!

Die Person, die sich ihr Leben lang für eine einheitliche deutsche Rechtschreibung einsetzte, hieß Konrad Duden. Erste Rechtschreibregeln mit kurtzen Erleuterungen veröfentlichte er 1871. »Schreibe wie du sprichst« – dieses Prinzip war Dudens Ansaz. Die Schrift war in Fachkreisen bald sehr bekannt, 1872 gab der Leipziger Verlag sie als »Schleizer Duden« heraus.

Das im Jahre 1880 erschienende Werk »Vollständiges Orthographisches Wörterbuch der deutschen Sprache« enthiehlt 28 000 Stichwörter auf 187 Seiten. Eine einheitliche deutsche Rechtschreibung auf der Grundlage von Dudens Wörterbuch wurde aber erst viel später, nämlich 1902, durch Vertreter der deutschen Bundesstaaten und Österreich-Ungarns beschloßen. Dies geschah auf einer Konverenz in Berlin.

Teste dich selbst!

Der folgende Test hilft dir herauszufinden, was du schon sicher kannst und was du noch üben musst. Folgende Bereiche kannst du überprüfen:

A Texte verstehen (Aufgaben 1–7)	ca. 30 min	/ 23 P.
B Grammatik (Aufgaben 8–15)	ca. 25 min	/ 50 P.
C Rechtschreibung (Aufgaben 16–22)	ca. 30 min	/ 47 P.
D Texte schreiben (Aufgabe 23)	ca. 60 min	/ P.
Insgesamt:	ca. 145 min	/ P.

Den Bewertungsmaßstab für Teil D müsst ihr in der Klasse festlegen.
Bevor du mit der Bearbeitung der Aufgaben beginnst, lies die Aufgabenstellungen genau. Trage in die Kästchen deine erreichte Punktzahl ein.

1 Die Weltnaturschutz-Organisation IUCN schlägt Alarm: Auf der Erde sterben die Arten. Der Lebensreichtum des Planeten, seine biologische Vielfalt, nimmt drastisch ab. Derzeit sind mehr als 18 000 Tier- und Pflanzenarten, so meldet die IUCN (»International Union of Conservation of Nature«), vom Aussterben bedroht. Regelmäßig veröffentlicht die Organisation ihre »Rote Liste« – seit 1966. Und die wird immer länger. Jede achte Vogelart, jede fünfte Säugetierart, jede dritte Amphibienart steht ihrem aktuellen Bericht zufolge kurz vor dem Aus. Biologen befürchten, dass wir im Moment das größte Artensterben in der 4,5 Milliarden Jahre währenden Erdgeschichte erleben.

2 Naturkatastrophen, wie Meteoriteneinschläge, Vulkanausbrüche und Klimaveränderungen, haben in ferner Vergangenheit für ein Massensterben in der Tier- und Pflanzenwelt gesorgt. Nun aber ist es der Mensch, der der Vielfalt des irdischen Lebens mit nie da gewesener Wucht den Garaus macht. [...] Der Zweibeiner zerstört durch Abholzung, Trockenlegung und das Wachstum der Städte die Lebensräume der Kreatur. Er setzt den Wesen durch die Verschmutzung der Welt mit Giften und Klimagasen zu und dezimiert sie durch Überjagung und Überfischung. Ganze Ökosysteme gehen so zugrunde. [...]

3 Dieser Verlust von Schätzen der Natur hat schwerwiegende Folgen für den Verursacher selbst. Noch kann kein Biologe genau abschätzen, welche Lücken im Netz des Lebens dem Menschen wie zusetzen werden. Doch klar ist: Er zerstört letztlich die Grundlage seiner eigenen Existenz. Denn Flora und Fauna dienen dem Menschen keineswegs nur dazu, sich beim Spaziergang zu erfreuen, auszuspannen und sich zu erholen. Sie liefern beispielsweise auch Holz und Nahrungsmittel. Allein der Niedergang der Bienen wäre fatal. Ohne ihre Bestäubungsarbeit brächen große Teile der Landwirtschaft zusammen.

4 Zudem führt der Rückgang der biologischen Vielfalt dazu, dass Infektionskrankheiten ansteigen. Das haben jetzt amerikanische Forscher herausgefunden: Je weniger Arten den Krankheitserregern als Wirte dienen, desto besser können die Keime ihre Kräfte bündeln, sich vermehren und entwickeln [...]

5 Deshalb ist Naturschutz dringend notwendig. So versuchen zahlreiche Organisationen, den dramatischen Schwund zu stoppen. Sie machen sich stark für die Rettung bedrohter Arten, gründen Wiederansiedlungsprojekte und feiern manchen Erfolg. Im Oktober vergangenen Jahres versammelten sich Delegierte aus 193 Ländern auf einer Konferenz der Vereinten Nationen im japanischen Nagoya und beschlossen Hilfe für die Natur: In Zukunft sollen unter anderem nationale Naturschutzgebiete erweitert, Teile der Ozeane unter Schutz gestellt und die Überfischung der Weltmeere eingedämmt werden. Wie wirkungsvoll das sein wird, weiß niemand. Aber mithelfen beim Artenschutz kann immerhin jeder. Etwa beim Naturschutzbund Deutschland [...]: Als Helfer kann man dort beispielsweise Krötenzäune betreuen, die Brutplätze von Wanderfalken bewachen oder neugeborene Störche zählen – und so einen kleinen Beitrag fürs große Ganze leisten.

A Texte verstehen

| 2 P

1 Erfasse das Thema des Textes durch orientierendes Lesen. Ergänze den folgenden Satz.

Der Text beschäftigt sich mit ______________________________

____

| 5 P

2 Lies den Text gründlich und kläre die Bedeutung der folgenden Wörter.

den Garaus machen – ______________________________

Kreatur – ______________________________

dezimieren – ______________________________

Flora – ______________________________

Fauna – ______________________________

| 8 P

3 Im Text werden Gründe für das Artensterben genannt. Ergänze die Tabelle.

Naturkatastrophen	Mensch

2 P

❹ Nenne die negativen Auswirkungen des Artensterbens auf den Menschen.

____

____

3 P

❺ Der Text hat verschiedene Funktionen. Belege dies mit je einer Textstelle.

TIPP
Denke an die Zeilenangabe.

informieren: ____

____

appellieren: ____

____

werten: ____

____

2 P

❻ Im Text steckt ein Appell an uns alle. Markiere ihn im Text. Formuliere den Appell mit eigenen Worten.

____

____

1 P

❼ Formuliere eine geeignete Überschrift, die dem Zweck des Textes entspricht, und schreibe sie über den Text.

B Grammatik

16 P

❽ Ordne die Wortarten aus der Wortliste in die Tabelle ein und suche jeweils zwei Beispiele dazu aus dem Text auf S. 90–91 heraus.

WORTLISTE
Verb – Adverb – Präposition – Nomen – Artikel – Pronomen – Adjektiv – Konjunktion

veränderbare Wortarten	unveränderbare Wortarten
______________	______________
______________	______________
______________	______________
______________	______________
______________	______________
______________	______________

2 P

9 Unterstreiche in folgendem Satz die Verbform im Konjunktiv und begründe, warum hier der Konjunktiv verwendet wird.

Amerikanische Forscher meinen, der Verlust an biologischer Vielfalt führe zu mehr Infektionskrankheiten.

2 P

10 Gib den Satz aus Aufgabe 9 in direkter Rede wieder. Verwende den Indikativ und achte auf die Zeichensetzung.

2 P

11 Im Abschnitt 3 des Textes auf S. 90 wurden zwei Sätze im Konjunktiv II formuliert. Schreibe diese heraus und unterstreiche die Verben im Konjunktiv II.

5 P

12 Unterstütze die IUCN in ihrer Arbeit und schreibe auf der Grundlage des Textes fünf Überschriften für Aufrufe. Verwende die Verben aus der Wortliste im Imperativ.

WORTLISTE
helfen – lassen – verhindern – vergessen – arbeiten

15 P

13 Unterstreiche die finiten Verbformen, setze die fehlenden Kommas und zeichne die Satzbilder.

1 Der Eisbär der im Jahre 2006 von der IUCN in die Liste gefährdeter Tierarten aufgenommen wurde ist das zweitgrößte lebende Landraubtier.

2 Er lebt auf dem Packeis der Arktis welches das Polarmeer rund um den Nordpol umgibt das heißt in nördlichen Regionen Kanadas Russlands und der USA.

3 Das Fell der Eisbären erscheint durch die Reflexion der Sonne weiß besitzt aber selbst keine Farbpigmente ist durchsichtig und hat hohle Haare welche die Wärme der Sonnenstrahlen direkt auf die darunter liegende schwarze Haut leiten.

4 Eisbären sind gute Schwimmer und fast reine Fleischfresser deren bevorzugte Beute Eismeer-Ringelrobben und andere Robbenarten sind aber auch Walrosse Belugas alle in Frage kommenden Fischarten und Seevögel sowie deren Eier werden gern gefressen.

5 Die IUCN hat festgestellt dass es zurzeit noch 20 000 bis 25 000 Eisbären gibt fürchtet aber dass sich der Bestand in den nächsten 45 Jahren als Folge der Packeisschmelze die durch die globale Erwärmung verursacht wird um 30 % verringern wird.

6 P

14 Im Text werden viele Synonyme verwendet. Suche mindestens zwei Synonyme für folgende Wörter heraus.

Planet:

Mensch:

Tier:

2 P

15 Begründe, warum im Text so viele Synonyme verwendet werden.

C Rechtschreibung

8 P

16 *s, ss, ß*? Ergänze die fehlenden Buchstaben.

1 die Verschmutzung mit Klimaga____en **2** Hilfe für die Natur beschlo____en

3 dra____tisch abnehmen **4** regelmä____ig veröffentlichen

5 de____to be____er entwickeln sich Kräfte **6** niemand wei____

7 für ein Ma____ensterben in der Tier- und Pflanzenwelt sorgen

8 P

17 Suche Beispiele für Nominalisierungen/Substantivierungen mit ihren Begleitwörtern aus dem Text heraus. Unterstreiche die Begleitwörter.

nominalisierte Verben (2 Beispiele): ______________________________

____

nominalisierte Präposition (1 Beispiel): ______________________________

nominalisiertes Adjektiv (1 Beispiel): ______________________________

4 P

18 Getrennt oder zusammen? Schreibe die Wörter in Klammern richtig in die Lücken.

1 Die Weltnaturschutz-Organisation IUCN hat ______________________________

______________________________. (Alarm – schlagen).

2 Überjagung oder Überfischung führen oft dazu, dass sich andere Arten __________

____________________ oder sich sogar neue bilden. (breit – machen).

3 Dieser Verlust von Schätzen der Natur hat ______________________________

Folgen. (schwer – wiegend)

4 Aber ____________________ kann beim Artenschutz immerhin jeder. (mit – helfen)

15 P

19 Schreibe die folgenden Sätze in richtiger Groß- und Kleinschreibung in dein Heft. (Für jedes richtig geschriebene Wort gibt es einen halben Punkt.)

1 NATURSCHUTZORGANISATIONENVERÖFFENTLICHENIMMERWIEDER ROTELISTEN,INDENENVOMAUSSTERBENBEDROHTEARTENFESTGEHAL-TENWERDEN.

2 AUFEINERKONFERENZDERVEREINTENNATIONENWURDENIM OKTOBERLETZTENJAHRESHILFENFÜRDIENATURBESCHLOSSEN.

5 P

20 Verbinde das Fremdwort mit der richtigen Bedeutung.

Meteorit	Wissenschaft vom Leben
fatal	Gleichgewicht
Balance	kosmisches Gestein
Katastrophe	folgenschweres Unglück
Biologie	verhängnisvoll

4 P

21 Setze folgende Wortbausteine zu vier Fremdwörtern zusammen.

Or – In – ga – fek – Exis – ni – tion – Sys – tenz – sa – tem – tion

____

____

3 P

22 Schreibe die Verben zu folgenden Fremdwörtern auf.

1 Organisation – ______________________________

2 Delegierte – ______________________________

3 Existenz – ______________________________

D Texte schreiben

P

23 Sieh dir die alten Ölbäume auf dem Foto an. Schildere deine Eindrücke.

a Führe zunächst ein Brainstorming durch. Notiere, was du siehst, denkst und fühlst, wenn du das Foto betrachtest.

b Lies den Sachtext auf S. 90–91 noch einmal und ergänze Gedanken, die dich danach beim Betrachten des Fotos bewegen.

c Ordne die Ergebnisse des Brainstormings in einer Mindmap.

d Verfasse in deinem Heft einen zusammenhängenden Text, in dem du deine Gedanken und Gefühle beim Betrachten des Fotos schilderst. Verwende ausdrucksstarke Verben und Adjektive.